MIX & FERTIG

WINTERZAUBER

Die besten GU-Rezepte für den

THERMOMIX

NICO STANITZOK, SARAH SCHOCKE, ALEXANDER DÖLLE

MIX & FERTIG

WINTERZAUBER

Die besten GU-Rezepte für den
THERMOMIX

FOTOS: KLAUS EINWANGER
ILLUSTRATIONEN: JULIA HOLLWECK

DIE GU-QUALITÄTS-GARANTIE

Wir möchten Ihnen mit den Informationen und Anregungen in diesem Buch das Leben erleichtern und Sie inspirieren, Neues auszuprobieren. Bei jedem unserer Bücher achten wir auf Aktualität und stellen höchste Ansprüche an Inhalt, Optik und Ausstattung. Alle Rezepte und Informationen werden von unseren Autoren gewissenhaft erstellt und von unseren Redakteuren sorgfältig ausgewählt und mehrfach geprüft. Deshalb bieten wir Ihnen eine 100%ige Qualitätsgarantie.

Darauf können Sie sich verlassen:
Wir legen Wert darauf, dass unsere Kochbücher zuverlässig und inspirierend zugleich sind. Wir garantieren:
• dreifach getestete Rezepte
• sicheres Gelingen durch Schritt-für-Schritt-Anleitungen und viele nützliche Tipps
• eine authentische Rezept-Fotografie

Wir möchten für Sie immer besser werden:
Sollten wir mit diesem Buch Ihre Erwartungen nicht erfüllen, lassen Sie es uns bitte wissen! Wir tauschen Ihr Buch jederzeit gegen ein gleichwertiges zum gleichen oder ähnlichen Thema um. Nehmen Sie einfach Kontakt zu unserem Leserservice auf. Die Kontaktdaten unseres Leserservice finden Sie am Ende dieses Buches.

GRÄFE UND UNZER VERLAG
Der erste Ratgeberverlag – seit 1722.

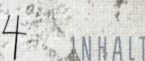

12
Seelen-
FUTTER
für kalte Tage

Wenn die Tage kürzer werden, sehnen wir uns nach Mahlzeiten, die von innen wärmen und die ein bisschen unsere Seele streicheln. Jetzt brauchen wir genügend Energie und freuen uns über deftige Gerichte – besonders über die eine oder andere Süßspeise. Die Kalorien? Die sind uns jetzt völlig egal!

40
Festliche
MENÜS
zum Feiern

Fisch oder Fleisch, Braten oder Vegetarisches? Zum Schlemmen an den Feiertagen darf es ruhig etwas Besonderes sein. Da hilft der Thermomix gerne mit. Dazu noch Salat, Suppe oder ein pikantes Törtchen als Vorspeise – und schon zaubern Sie ein perfektes Menü auf den Tisch. Selbstverständlich haben wir auch an den süßen Abschluss danach gedacht.

Gut zu Wissen!

Nico Stanitzok

Sarah
Schocke

Alexander
Dölle

WINTERZEIT IST THERMOMIXZEIT

Die kalte Jahreszeit bietet reichlich Raum zum Kochen, Backen und Genießen. Immer dabei: der Thermomix.

Ist der Winter auch Ihre Lieblingsjahreszeit? Wenn es draußen stürmt und schneit, finden wir es besonders schön in der Küche zu stehen und Plätzchen zu backen. Meist beginnt die Weihnachtsbäckerei ja schon im November und urplötzlich liegt die Lust auf Plätzchen und Lebkuchen in der Luft. Mit den immer länger werdenden Nächten wächst dann auch die Sehnsucht nach echtem Winter-Seelenfutter. Jetzt ist die Zeit für Deftiges, wie z.B. Eintöpfe und Käsefondue, Knödel und pikante Kuchen.

RUCK, ZUCK FERTIG IM THERMOMIX

Und weil wir im Winter nicht nur Plätzchen backen, sondern sie auch in Ruhe genießen wollen. Und weil im Winter eine Weihnachtsfeier die nächste jagt und sich zwischendurch die lieben Verwandten zum Adventskaffee ankündigen. Und genau deswegen bereiten wir alles im Handumdrehen im Thermomix zu. Das spart nicht nur Zeit bei der Zubereitung, sondern auch beim Abwasch. Weihnachten mit dem Alleskönner Thermomix ist einfach wunderbar: Die Teige gelingen darin einfach perfekt, die Saucen kochen in kurzer Zeit aromatisch ein – und zwischendrin können Sie einfach mal die Füße hochlegen.

Wir, Alex Dölle und Sarah Schocke, erwärmen die kalte Jahreszeit mit echten Seelenfutter-Gerichten, zeigen Ihnen aber auch, wie Sie Festessen im Thermomix zubereiten und ganze Menüs damit zusammenstellen. Mit mir, Nico Stanitzok, lernen Sie die winterlich-weihnachtliche Backstube von der Thermomix-Seite her kennen. Backen ist meine Leidenschaft, für Plätzchen, Lebkuchen, Stollen und natürlich für Kuchen und Torten – mal klassisch, mal ganz modern, schlägt mein Herz.

Lehnen Sie sich jetzt zurück und genießen Sie das Buch. Und dann nichts wie ran an den Thermomix und kochen, backen, glücklich sein. Wir wünschen Ihnen eine entspannte Winter-Weihnachtszeit.

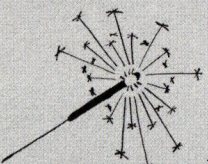

1000 SCHÖNE ANLÄSSE

Im Festtagskalender für das Winterhalbjahr finden sich viele
Anlässe zum Feiern mit Familie und Freunden.

Die meisten Feierlichkeiten gehen auf religiöse Bräuche und uralte Riten zurück. Allen gemeinsam ist, dass sie die Menschen zusammenrücken lassen. Freunde und Familien feiern gemeinsam und bringen Licht und Wärme in die dunkle Jahreszeit. Knuspriges Gebäck, heiße Getränke und deftige Mahlzeiten dürfen dabei natürlich nicht fehlen.

MARTINSTAG – 11. NOVEMBER

Im November erleuchten selbst gebastelte Laternen die dunklen Nachmittage. Leise trägt der Wind immer mal wieder ein »Laterne, Laterne, Sonne, Mond und Sterne …« aus Kindermund durch die kalte Novemberluft. Der 11. November ist der Höhepunkt der Laternensaison, jetzt treffen sich Eltern mit kleinen Kindern zum Martinsumzug. Häufig reitet sogar der »echte« St. Martin auf einem Pferd voran, während Kinder und Eltern mit ihren Laternen singend hinterherziehen. Sie gedenken dem Heiligen Martin, der mit einem Schwert seinen Mantel teilte und ihn einem Bettler gab. Häufig warten am Ende des Zugs ein Martinsfeuer, heiße Getränke und für die Kinder Gebäck oder Süßigkeiten. Erwachsene freuen sich auf die Martinsgans.

ADVENTSZEIT – 1. DEZEMBER

Am 1. Dezember beginnt der Weihnachts-Countdown, und nicht nur Kinder freuen sich darauf jeden Tag ein Türchen am Adventskalender zu öffnen. Ab und an liegt das erste Adventswochenende sogar noch im November. An den vier Sonntagen vor Heiligabend wird immer eine neue Kerze am Adventskranz angezündet. Je näher Weihnachten rückt, desto heller erstrahlt der Kranz und desto größer wird die Vorfreude auf das Weihnachtsfest.

Neben Kerzen und Adventskalender gehören für viele selbst gebackene Plätzchen, Lebkuchen, Weihnachtsschmuck und Weihnachtslieder zur Adventszeit. Weihnachtsmärkte und Weihnachtsfeiern laden ein, in geselliger Runde das Jahr ausklingen zu lassen und sich eine Pause von der Hektik des Alltags zu gönnen. Auch der Brauch, einen Mistelzweig aufzuhängen, sorgt für kleine Pausen im Alltag. Der Legende nach soll sich küssen, wer unter der weißbeerigen Mistel zusammentrifft. Diese Paare, so heißt es, bleiben dann ein Leben lang zusammen.

Nur echt aus
dem eigenen
Backofen!

Ich ziehe den Schlitten mit den Geschenken.

NIKOLAUS – 6. DEZEMBER

Am Vorabend heißt es bei vielen Kindern »Stiefel putzen«, denn der Nikolaus steht vor der Tür. Wenn die Kinder schlafen, so erzählen die Eltern, kommt der Nikolaus und steckt ihnen Nüsse, Süßigkeiten und sogar ein kleines Geschenk in den Stiefel. Hinter diesem Brauch steckt das Gedenken an den Bischof Nikolaus von Myra. Dieser großzügige Mann hatte stets etwas für Arme und Bedürftige übrig und ein großes Herz für Kinder.

HL. ABEND – 24. DEZEMBER

Am Heiligen Abend feiern wir die Geburt von Jesus Christus. Für die meisten gehören neben Weihnachtsbaum und Geschenken ein festliches Weihnachtsessen im Kreis der Familie dazu. Den Weihnachtsbaum gibt es seit dem 19. Jahrhundert. Er symbolisiert Kraft und Segen, die Kerzen stehen für Jesus Christus, das Licht der Welt. In den Familien bringt das Christkind oder der Weihnachtsmann die Geschenke. Letzterer entstand aus der Bischofsfigur des Nikolaus von Myra, wurde dann in den hohen Norden Finnlands gedichtet und tauschte schließlich in Amerika das Bischofsgewand in einen roten Mantel und einen weißen Bart. Ob Nikolaus oder Weihnachtsmann, heute ranken sich viele Geschichten um die beiden Figuren und um ihre Gehilfen Knecht Ruprecht, die Wichtel und die Rentiere.

SILVESTER – 31. DEZEMBER

Der letzten Nacht im alten Jahr wohnt ein besonderer Zauber inne. Viele lassen das vergangene Jahr noch einmal Revue passieren und nehmen sich vor, was im neuen Jahr alles besser oder anders laufen soll. Es ist eine Zeit der Besinnung, aber auch der Vorfreude auf das neue Jahr. Silvester trifft man sich gerne mit Freunden, versucht den Figuren beim Bleigießen oder Glückskeksen die Zukunft zu entlocken und freut sich auf ein buntes Feuerwerk zu Mitternacht. Für viele gehört ein geselliges Essen dazu, zum Beispiel Fondue. Wer am nächsten Morgen böse Geister vertreiben möchte, der beißt herzhaft in einen Neujahrskrapfen und freut sich über ein glückliches neues Jahr.

DREIKÖNIG – 6. JANUAR

Im Januar ziehen Kinder als Heilige Drei Könige verkleidet durch die Straßen und sammeln als Sternsinger Spenden. Bei Christen der östlichen Länder ist der 6. Januar der eigentliche Weihnachtstag, an dem die Geburt Jesu gefeiert wird. Für die meisten jedoch läutet der Dreikönigstag das Ende der Weihnachtszeit ein und die Weihnachtsbäume werden wieder weggeräumt.

TEIGE IM THERMOMIX

Der Thermomix ist ein Multitalent in der winterlichen Backstube. Damit Teige, aber auch Eischnee und Schlagsahne perfekt gelingen, helfen ein paar Tipps & Tricks.

Die Zubereitung von Teigen im Thermomix unterscheidet sich etwas von der in einer klassischen Küchenmaschine oder mit dem Handrührgerät. Aber wie bereiten Sie nun Ihr Familienrezept im Thermomix zu? Wahrscheinlich gibt es dafür noch keine Anleitung, aber ein paar Standards, die sich auf den Thermomix übertragen lassen. Je nachdem, welchem Grundteig sich Ihr Rezept zuordnen lässt, können Sie den Teig wie nachfolgend beschrieben zubereiten.

Die Erfahrung zeigt, dass der Teig nicht immer vollständig von den Messern im Rührtopf erfasst und verrührt wird. Ein gut durchmischter Teig aber ist sehr wichtig für ein gelungenes Ergebnis. Damit alle Zutaten gleichmäßig vermischt werden, unterbrechen Sie am besten den Rührvorgang ganz kurz und rühren den Teig zwei- bis dreimal mit dem Spatel durch.

HEFETEIG

Hefeteig trainiert Ihre Geduld, denn er braucht einfach seine Zeit. Es gibt keinen besseren Tipp, als ihm die nötige Ruhe und einen warmen, zugfreien Ort zu gönnen, an dem er langsam aufgehen kann. Damit das gelingt, geben Sie die im Rezept angegebene Flüssigkeit (Milch, Wasser) mit Hefe, Zucker und eventuell Butter oder Öl in den Mixtopf und erwärmen sie 2–3 Min./37°/Stufe 2. Nun 10 Min. warten, bis die Hefe aktiv wird, dann Mehl und restliche Zutaten 2–3 Min./Teigstufe unterkneten. Den gekneteten Teig mindestens 30 Min. in einer Schüssel zugedeckt an einem warmen Ort ruhen lassen. Dann eventuell nochmals kurz von Hand durchkneten und je nach Rezept verarbeiten.

BISKUITTEIG

Ihr Familienrezept wird noch luftiger im Thermomix, wenn Sie Eier und Zucker 4 Min./Stufe 4 hellschaumig rühren. Währenddessen Mehl und andere trockene Zutaten separat mischen und durchsieben. Dann 4 Sek./Stufe 3 untermischen. Verwenden Sie dabei den Rühraufsatz, so werden Mehl & Co. behutsam unter die luftige Eiermasse gehoben, und der Boden ist nach dem Backen schön luftig.

RÜHRTEIG

Alle flüssigen, weichen und gemahlenen Teigzutaten – wie Zucker, Fett, Eier, Mehl, Backpulver, Milch, Gewürze, gemahlene Nüsse und Kakaopulver – 1 Min./Stufe 5 verrühren. Empfindliche weiche Zutaten, die nicht zerkleinert werden sollen, am besten von Hand mit dem Spatel unter den fertigen Teig heben.

MÜRBETEIG UND STREUSEL

Kneten Sie alle Teigzutaten 15–20 Sek./Stufe 4 zu Streuseln oder bei

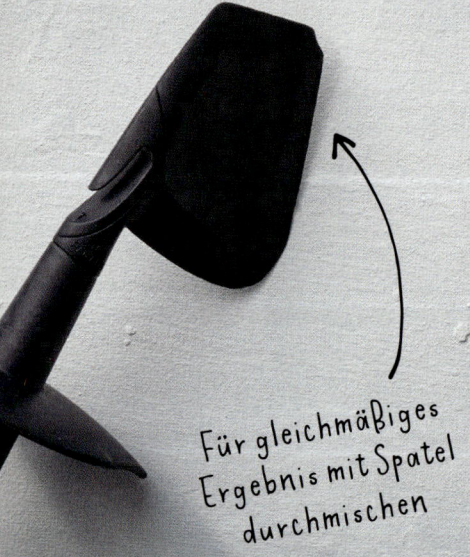

Für gleichmäßiges Ergebnis mit Spatel durchmischen

Plätzchenteig zu einem Teigkloß. Die Butter wird immer kalt und in Stücken zugefügt. Beobachten Sie am besten während das Gerät läuft, wann im Mixtopf grobe Streusel entstehen. Für einen Teigkloß etwas länger laufen lassen. Die Streusel dann in der Form verteilen und mit der Hand an Rand und Boden zu einem geschlossenen Teigboden festdrücken bzw. die Streusel auf dem Kuchen verteilen.

EISCHNEE STEIF SCHLAGEN

Wenn Sie bisher Eischnee aufgeschlagen haben, dann sehr wahrscheinlich mit kaltem Eiweiß. Ein viel besseres Ergebnis erzielen Sie aber mit Eiweiß, das Raumtemperatur hat – und noch eine Stufe besser, fester, stabiler und luftiger wird Eischnee im Thermomix. Dafür den Rühraufsatz in den Mixtopf einsetzen. Für ein gutes Ergebnis müssen Rühraufsatz und Mixtopf sehr sauber, trocken, fett- und spülmittelfrei sein. Reste von Fett, Teig oder Spülmittel verhindern nämlich, dass das Eiweiß steif geschlagen werden kann. Um ganz sicher zu gehen, dass Mixtopf und Messer fettfrei sind, etwas Wasser und ½ TL Salz in den Mixtopf geben und 1 Min./Stufe 5 laufen lassen. Dann gründlich abtrocknen. Eiweiß und Zucker in den Mixtopf geben und 5 Min./Stufe 3 aufschlagen, danach angegeben verarbeiten.

Immer schön dabei bleiben und genau hinschauen

Rühraufsatz muss sehr sauber sein

SAHNE SCHLAGEN

Für Torten benötigt man häufig geschlagene Sahne, und auch zum Kuchen schmeckt ein Löffel Schlagsahne ganz wunderbar. Im Mixtopf lässt sie sich ganz einfach aufschlagen. Wie für Eischnee sollten Mixtopf, Messer und Rühraufsatz sauber, trocken und fettfrei sein. Geben Sie dann die Sahne in den Mixtopf und schlagen Sie sie für 1 Min./Stufe 3. Ist im Rezept Sahnefestiger vorgesehen, mischen Sie das Pulver mit etwas Zucker oder Vanillezucker und lassen es dabei in das laufende Messer bzw. den Rühraufsatz rieseln. Die Sahne dann weiter ohne Zeitvorgabe auf Sicht bei Stufe 3 rühren, bis sie steif ist bzw. die gewünschte Konsistenz hat. Sahne ist ein natürliches Produkt mit unterschiedlichem Fettgehalt. Daher findet sich in keinem Rezept eine Angabe, wie lange die Sahne aufgeschlagen werden soll. Meiner Erfahrung nach ist es am besten, beim Aufschlagen dabeizubleiben und genau hinzusehen. Sehr frische Sahne wird durchaus 1 Minute früher fest als etwas ältere. So kann es schnell passieren, dass sie beim Aufschlagen zu Butter gerinnt.

VANILLEZUCKER

Diese Zutat ist einfach gemacht: 1 Vanilleschote längs halbieren, in 2 cm lange Stücke teilen, mit 200 g Zucker mischen. 1 Woche trocknen lassen, dann zusammen im Mixtopf 15 Sek./ Stufe 10 pulverisieren.

Seelen-
FUTTER
für kalte Tage

Süßkartoffel-
ERDNUSS-CURRY

FÜR 4 PERSONEN

250 g Grünkohl (ersatzweise Wirsing) | 2 Knoblauchzehen |
1 Stück Ingwer (1,5 cm lang) | 3 Frühlingszwiebeln |
1 Zitrone | 700 g Süßkartoffeln | 100 g Erdnussmus
(ersatzweise Erdnussbutter) | 1–2 Msp. Chilipulver | Salz |
75 g geröstete und gesalzene Erdnüsse

Zubereitung: 40 Min.

Pro Portion ca. 440 kcal, 17 g E, 23 g F, 40 g KH

1 Den Grünkohl waschen, die Blätter vom Strunk lösen
und im Mixtopf 8 Sek./Stufe 4 zerkleinern. In eine Schüssel umfüllen. Knoblauch und Ingwer schälen, im Mixtopf
5 Sek./Stufe 6 hacken und in eine Schale füllen. Die Frühlingszwiebeln putzen, waschen. Im Mixtopf 3 Sek./Stufe 4
zerkleinern, zum Knoblauch geben. Die Zitrone auspressen.

2 Die Süßkartoffeln schälen, in grobe Stücke schneiden
und im Mixtopf 4 Sek./Stufe 4 hacken. Knoblauch, Ingwer,
Frühlingszwiebeln, Zitronensaft, Erdnussmus, Chilipulver,
1 TL Salz und 400 g Wasser zugeben und alles 20 Min./100°/
Linkslauf/Sanftrührstufe kochen.

3 Den Grünkohl zufügen und weitere 2 Min./100°/Links-
lauf/Sanftrührstufe mitkochen lassen. Das Curry mit den
Erdnüssen bestreuen und servieren.

STECKRÜBEN-
eintopf

FÜR 4 PERSONEN

15 g Amarettini | 120 g Comté | 1 Zwiebel |
½ Chilischote | 20 g Butter | 1 kg Steckrüben |
1 Dose stückige Tomaten (400 g) | 25 g Tomatenmark | Salz |
20 g Weißweinessig | 1 kleines Fladenbrot

Zubereitung: 45 Min.

Pro Portion ca. 590 kcal, 23 g E, 15 g F, 83 g KH

1 Die Amarettini im Mixtopf 2 Sek./Stufe 6 zerkleinern,
umfüllen. Den Käse entrinden, in grobe Stücke schneiden
und im Mixtopf 2 Sek./Stufe 7 zerkleinern, umfüllen.

2 Zwiebel schälen und vierteln. Chili entkernen, waschen
und in grobe Stücke schneiden. Beides im Mixtopf 2 Sek./
Stufe 9 hacken. Die Butter zufügen und 2 Min./Varoma/Stu-
fe 1 dünsten. Die Steckrüben schälen und in grobe Stücke
schneiden. Zur Zwiebel geben und 4 Sek./Stufe 8 zerkleinern. Tomaten, Tomatenmark, 1 TL Salz und Essig zufügen
und den Eintopf 20 Min./100°/Stufe 2 garen.

3 Inzwischen den Backofen auf 150° vorheizen und das
Brot im Ofen (Mitte) 3–4 Min. rösten. Amarettini und
80 g Käse zum Eintopf geben und 5 Min./100°/Stufe 2 weitergaren. Mit Salz abschmecken und mit dem restlichen
Käse bestreut servieren. Das Fladenbrot dazu reichen.

Ofenfrisches
FALTENBROT
mit Oliven

FÜR 1 KASTENFORM (22 CM LANG, 20 STÜCKE)

250 g Dinkelmehl (Type 630) | 100 g Weizenmehl
(Type 550) | 10 g Hefe (¼ Würfel) |
25 g Olivenöl | Salz | 1 Prise Zucker | 150 g Parmesan |
1 Schalotte | 2 Knoblauchzehen | 30 g Butter |
100 g schwarze Oliven (entsteint) | Öl für die Form |
Mehl für die Arbeitsfläche
Zubereitung: 30 Min. + 30 Min. Ruhen
+ 45 Min. Backen
Pro Stück ca. 140 kcal, 5 g E, 7 g F, 14 g KH

1 Dinkel- und Weizenmehl, Hefe, 200 g Wasser, Olivenöl, 1 TL Salz und Zucker in den Mixtopf geben und 2 Min./Teigstufe zu einem glatten Teig verkneten. Den Teig in eine Schüssel umfüllen, zu einer Kugel formen und abgedeckt an einem warmen Ort ca. 30 Min. gehen lassen. Den Mixtopf reinigen.

2 In der Zwischenzeit den Backofen auf 200° vorheizen, die Kastenform mit Öl einfetten. Den Parmesan grob zerkleinern und im Mixtopf 3 Sek./Stufe 6 hacken, in eine Schale umfüllen. Schalotte und Knoblauch schälen, in den Mixtopf geben und 2 Sek./Stufe 6 zerkleinern. Die Butter einwiegen und beides 2 Min./ Varoma/Stufe 2 dünsten.

3 Gehackten Parmesan und Oliven zur gedünsteten Schalotte in den Mixtopf geben und alles in 5 Sek./Stufe 7 zu einer Paste pürieren.

4 Den Teig auf der bemehlten Arbeitsfläche zu einem Rechteck (ca. 45 × 25 cm) ausrollen und in ca. 7 × 7 cm große Stücke schneiden. Die Teigstücke mit der Käse-Oliven-Paste bestreichen und dicht nebeneinander in die Form schichten. Das Brot im Ofen (Mitte) ca. 45 Min. backen. Ofenwarm servieren.

TIPP

Das Schneiden der Teigplatte klappt am besten mit einem Pizzaschneider. Wenn Sie keinen zur Hand haben, tut's natürlich auch ein Messer.

WINTERBURGER
mit Coleslaw

Veggie-Burger

FÜR 4 PERSONEN

Für Pattys und Belag:
400 g Steckrüben
200 g Pastinaken
50 g Mehl
Salz | Pfeffer
50 g Portulak
2 EL mittelscharfer Senf
2 EL saure Sahne
4 Brötchen
6 EL Öl
4 Scheiben Appenzeller (100 g)
4 EL Röstzwiebeln

Für den Coleslaw:
200 g Rotkohl
200 g Möhren
1 Schalotte
5 g Butter
150 g Joghurt
15 g Apfelessig
25 g Mayonnaise
Salz | Pfeffer
40 g Walnusskerne

Zubereitung: 1 Std.
Pro Portion ca. 745 kcal,
19 g E, 46 g F, 61 g KH

1 Für die Pattys Steckrüben und Pastinaken schälen, in grobe Stücke schneiden und im Mixtopf 8 Sek./Stufe 5 hacken. Mehl, 1 TL Salz und Pfeffer 3 Sek./Stufe 2 untermischen. In eine Schüssel füllen und ca. 30 Min. ruhen lassen. Den Mixtopf reinigen.

2 Inzwischen für den Coleslaw den Kohl putzen, waschen und den Strunk herausschneiden. Die Möhren schälen. Beides in grobe Stücke schneiden und im Mixtopf 2 Sek./Stufe 7 hacken. In eine Schüssel füllen. Die Schalotte schälen, vierteln und im Mixtopf 2 Sek./Stufe 8 zerkleinern. Die Butter einwiegen und die Schalotte 2 Min./Varoma/Stufe 1 dünsten. Joghurt, Essig, Mayonnaise, 1 TL Salz und Pfeffer 10 Sek./Stufe 1 unterrühren. Dressing und Salat mischen. Die Nüsse in einer beschichteten Pfanne ohne Fett anrösten, grob hacken und über den Salat streuen.

3 Für den Belag den Portulak waschen und trocken schütteln. Senf und saure Sahne verrühren. Die Brötchen aufschneiden und auf der Schnittfläche in der Pfanne ohne Fett rösten, herausnehmen.

4 Den Backofen auf 100° vorheizen. In der Pfanne 3 EL Öl erhitzen, je 1 ½ EL Gemüsemasse hineinsetzen und mit dem Pfannenwender zu 4 Pattys flach drücken. Bei mittlerer Hitze ca. 5 Min. braten, dann wenden und 2 Pattys mit 1 Käsescheibe belegen. Ca. 5 Min. weiterbraten, aus der Pfanne nehmen, je 1 EL Röstzwiebeln auf den Käse geben und mit 1 Patty abdecken. Im Ofen warm stellen. Mit der restlichen Gemüsemasse wiederholen.

5 Alle Brötchenhälften mit Senfcreme bestreichen. Portulak und Doppel-Pattys auf die unteren Hälften schichten und die Deckel auflegen. Den Coleslaw dazu servieren.

Je nach Region heißt Portulak auch Postelein. Wenn Sie keinen bekommen, legen Sie Feldsalat darauf.

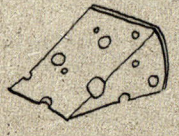

Käse-
FONDUE

Rosenkohl-
KARTOFFEL-
Fladen

FÜR 4 PERSONEN

1 Knoblauchzehe | 200 g Gruyère | 200 g Vacherin |
200 g Emmentaler | 300 g Weißwein | frisch
geriebene Muskatnuss | Pfeffer | 2 EL Speisestärke |
10 g Kirschwasser | 1 Baguette | Rechaud mit
Brennpaste und Fonduetopf

Zubereitung: 15 Min.

Pro Portion ca. 845 kcal, 47 g E, 47 g F, 44 g KH

1 Den Knoblauch schälen und im Mixtopf 2 Sek./
Stufe 8 hacken, in eine Schale umfüllen. Alle Käsesorten entrinden, in grobe Würfel schneiden und im Mixtopf 3 Sek./Stufe 7 zerkleinern. Wein und Knoblauch
zugeben und den Käse 8 Min./90°/Stufe 2 erhitzen.
Mit 3 Prisen Muskat und kräftig mit Pfeffer würzen.

2 Das Rechaud anheizen und den Fonduetopf vorwärmen. Stärke und Kirschwasser verquirlen und unter
den Käse mischen. Die Käsemasse dann 5 Min./100°/
Stufe 3 kochen. Inzwischen das Baguette in Würfel
schneiden. Die heiße Käsemasse dann in den Fonduetopf füllen und auf dem Rechaud servieren.

FÜR 4 PERSONEN

250 g Weizenmehl (Type 550) |
100 g Roggenvollkornmehl | 10 g Hefe (¼ Würfel) |
25 g Olivenöl | Salz | 1 Prise Zucker | 200 g Rosenkohl |
200 g Kartoffeln | 100 g Appenzeller | 150 g saure
Sahne | Pfeffer | 100 g geräucherte Speckwürfel

Zubereitung: 35 Min. + 30 Min. Ruhen
+ 18 Min. Backen

Pro Portion ca. 615 kcal, 28 g E, 25 g F, 69 g KH

1 Für den Hefeteig beide Mehlsorten, Hefe, 200 g Wasser, Öl, 1 TL Salz und Zucker in den Mixtopf geben und
2 Min./Teigstufe zu einem glatten Teig verkneten. Den
Teig in eine Schüssel umfüllen, zu einer Kugel formen und abgedeckt an einem warmen Ort ca. 30 Min.
gehen lassen. Danach ein Backblech mit Backpapier
belegen. Aus dem Teig vier Kugeln formen, nebeneinander auf das Blech setzen und abgedeckt nochmals
bis zur Verwendung gehen lassen.

2 Den Rosenkohl waschen und putzen, die Kartoffeln
schälen und in grobe Stücke schneiden. Den Appenzeller entrinden, grob zerkleinern und im Mixtopf
2 Sek./Stufe 7 hacken. In eine Schale umfüllen. Kohl
und Kartoffeln im Mixtopf 2 Sek./Stufe 5 zerkleinern.
Das Gemüse in den Gareinsatz füllen, 500 g Wasser in
den Mixtopf gießen und 15 Min./100°/Stufe 2 garen.

3 Den Backofen auf 250° vorheizen, ein Backblech
mit Backpapier belegen. Gemüse und saure Sahne in
eine große Schüssel füllen. Mit Salz und kräftig mit
Pfeffer würzen und vermischen. Die Teigkugeln zu
dünnen Kreisen (ca. 10 cm Ø) ausziehen. Das Gemüse
darauf verteilen, mit Speck und Käse bestreuen und
im Ofen (Mitte) ca. 18 Min. backen.

Birnen-Lauch-
QUICHE

FÜR 1 TARTEFORM (26 CM Ø, 4 STÜCKE)
50 g Walnusskerne | 125 g kalte Butter |
100 g Weizenmehl (Type 550) | 100 g Roggenmehl |
125 g Quark (20 % Fett) | Salz | 1 mittelgroße Stange
Lauch | 500 g Birnen | 3 Eier (M) | 200 g Sahne |
125 g Gorgonzola | Pfeffer
Zubereitung: 15 Min. + 1 Std. Kühlen
+ 40 Min. Backen
Pro Portion ca. 895 kcal, 24 g E, 66 g F, 49 g KH

1 Für den Teig die Walnüsse im Mixtopf 10 Sek./Stufe 10 mahlen. Die Butter in Würfel schneiden. Mit beiden Mehlsorten, Quark und ½ TL Salz zu den Nüssen geben und alles 2 Min./Teigstufe zu einem Teig verkneten. Den Teig herausnehmen, zu einer Kugel formen, in Frischhaltefolie wickeln und mindestens 1 Std. kühlen. Den Mixtopf grob reinigen.

2 Den Backofen auf 220° vorheizen. Für den Belag den Lauch putzen, längs aufschneiden und waschen. Die Stange dann in 1 cm dicke Ringe schneiden. Die Birnen schälen, vierteln und entkernen. Eier, Sahne, Gorgonzola, ½ TL Salz und Pfeffer in den Mixtopf geben und 10 Sek./Stufe 4 verrühren.

3 Den Teig zwischen zwei Bögen Backpapier zu einem Kreis (ca. 26 cm Ø) ausrollen, in die Form legen und einen Rand hochziehen. Die Birnenviertel mit dem schmalen Ende zur Mitte kreisförmig auf den Teig legen. Den Lauch daraufschichten, die Eiermasse darübergießen und die Quiche im Ofen (Mitte) ca. 40 Min. backen.

Kein Grünkohl in Sicht? Verwenden Sie stattdessen Wirsing.

Grünkohl-
NUDELTASCHEN

FÜR 4 PERSONEN
250 g Mehl | 40 g Olivenöl | Salz | 2 Eier (M) |
500 g Grünkohl | 150 g Chorizo (ersatzweise
Rohwurst) | 50 g Soft-Pflaumen (entsteint) |
2 Frühlingszwiebeln | Mehl für die Arbeitsfläche
Zubereitung: 50 Min.
Pro Portion ca. 555 kcal, 22 g E, 27 g F, 57 g KH

1 Mehl, 20 g Öl, ½ TL Salz, Eier und 30 g Wasser im
Mixtopf 2 Min./Teigstufe verkneten. Den Teig zu einer Kugel formen, in Frischhaltefolie wickeln und
ca. 15 Min. ruhen lassen. Den Mixtopf reinigen.

2 Inzwischen den Grünkohl waschen und die Blätter
vom Strunk lösen. Mit Chorizo und Pflaumen im Mixtopf 10 Sek./Stufe 5 zerkleinern. Die Frühlingszwiebeln putzen, waschen und schräg in Ringe schneiden.

3 Den Teig halbieren. Eine Hälfte auf der bemehlten
Arbeitsfläche zu einem Rechteck (30 × 60 cm) ausrollen. Mit der Hälfte der Kohlmasse bestreichen, dabei
an der oberen Längsseite 5 cm Rand lassen. Dann von
unten her eng aufrollen. Die Rolle alle 10 cm mit dem
Kochlöffel abteilen und in Stücke schneiden. Mit der
zweiten Teighälfte wiederholen.

4 In einem Topf Salzwasser zum Sieden bringen und
die Nudeln darin portionsweise ziehen lassen, bis sie
an die Oberfläche steigen. Mit einem Schöpflöffel herausheben und abtropfen lassen. In einer Pfanne 20 g
(2 EL) Öl erhitzen, Nudeln und Frühlingszwiebeln darin von beiden Seiten 3–4 Min. braten und servieren.

Gratinierte ZWIEBELSUPPE

FÜR 4 PERSONEN

100 g Gruyère | 250 g Zwiebeln | 50 g Butter |
10 g Gemüsebrühe (Instant) | 15 g Mehl |
250 g trockener Weißwein | ⅓ Baguette | Pfeffer
Zubereitung: 40 Min.
Pro Portion ca. 355 kcal, 11 g E, 19 g F, 23 g KH

1 Den Käse im Mixtopf 10 Sek./Stufe 8 zerkleinern und umfüllen. Den Mixtopf reinigen. Die Zwiebeln schälen, vierteln und im Mixtopf 15 Sek./Linkslauf/Stufe 3 zerkleinern. Butter zugeben und die Zwiebeln 10 Min./Varoma/Stufe 1 dünsten. Brühe und Mehl zufügen und 30 Sek./Linkslauf/Stufe 2 vermischen. Wein und 250 g Wasser dazugießen und die Suppe 15 Min./100°/Linkslauf/Stufe 1 köcheln.

2 Inzwischen den Backofengrill auf 220° vorheizen. Das Baguette in 1 cm dicke Scheiben schneiden und in einer Pfanne ohne Fett von beiden Seiten braun rösten. Die Brote auf vier ofenfeste Schalen verteilen. Die Suppe darübergießen, den Käse daraufstreuen und pfeffern. Im Ofen (oben) ca. 10 Min. überbacken.

Kürbis- FLAMMKUCHEN

FÜR 4 PERSONEN

75 g kalte Butter | 125 g Quark (20 % Fett) | 150 g Mehl |
Salz | 150 g Bergkäse | 200 g Hokkaido-Kürbis |
100 g Crème fraîche | Pfeffer | 50 g Pekannusskerne
(ersatzweise Walnusskerne) | 1 Handvoll Portulak
(Postelein, ersatzweise Feldsalat) | 3 Zweige Thymian
Zubereitung: 10 Min. + 30 Min. Kühlen
+ 15 Min. Backen
Pro Portion ca. 655 kcal, 21 g E, 48 g F, 35 g KH

1 Die Butter in Würfel schneiden. Mit Quark, Mehl und ½ TL Salz in den Mixtopf geben und 20 Sek./Teigstufe verkneten. Den Teig zu einer Kugel formen, in Frischhaltefolie wickeln und ca. 30 Min. kühlen. Den Mixtopf reinigen.

2 Den Backofen auf 220° vorheizen. Den Käse entrinden, in grobe Stücke schneiden und im Mixtopf 5 Sek./Stufe 5 raspeln. In eine Schale umfüllen. Den Kürbis waschen, entkernen, in grobe Stücke schneiden und im Mixtopf 5 Sek./Stufe 5 raspeln.

3 Den Teig auf Backpapier sehr dünn ausrollen, mit Crème fraîche bestreichen und pfeffern. Kürbis- und Käseraspel darauf verteilen und die Nüsse daraufstreuen. Im Ofen (Mitte) ca. 15 Min. backen.

4 Inzwischen Portulak und Thymian waschen und trocken schütteln, vom Thymian die Blättchen abzupfen. Den Flammkuchen herausnehmen und mit Portulak und Thymian bestreuen.

Knuspriger
ZWIEBELKUCHEN
für viele

FÜR 1 TIEFES BACKBLECH (16 STÜCKE)

Für den Teig:

500 g Mehl

40 g Röstzwiebeln

Salz

300 g Quark (20 % Fett)

300 g kalte Butter

Für den Belag:

1 kg Weißkohl

400 g Zwiebeln

20 g Butter

Salz | Pfeffer

400 g saure Sahne

4 Eier (M)

2 Handvoll Rucola

8 Scheiben luftgetrockneter Schinken

Außerdem:

Butter für das Blech

Hülsenfrüchte zum Blindbacken

Zubereitung: 1 Std. 30 Min.
+ 30 Min. Kühlen
+ 50 Min. Backen
Pro Portion ca. 375 kcal,
11 g E, 24 g F, 29 g KH

1 Den Backofen auf 210° vorheizen. Für den Teig Mehl, Röstzwiebeln, 1 TL Salz, Quark und 300 g Butter in den Mixtopf geben und 15 Sek./Teigstufe zu groben Streuseln verkneten. Die Streusel mit den Händen zusammenfassen, zu einer Kugel formen, in Frischhaltefolie wickeln und ca. 30 Min. kühlen. Den Mixtopf reinigen

2 Inzwischen für den Belag den Weißkohl waschen, vierteln und den Strunk entfernen. Die Zwiebeln schälen und halbieren. Kohl und Zwiebeln im Mixtopf in 2–3 Portionen jeweils 2 Sek./Stufe 6 zerkleinern, umfüllen. In einer Pfanne 10 g Butter erhitzen und die Hälfte vom Gemüse darin ca. 10 Min. anbraten. Mit Salz und Pfeffer würzen und in eine große Schüssel füllen. Nochmals wiederholen.

3 Ein Backblech mit Butter einfetten, den Teig darauf ausrollen und einen Rand formen. Den Teig mit einer Gabel mehrmals einstechen, einen Bogen Backpapier darauflegen und mit den Hülsenfrüchten beschweren. Im Ofen (Mitte) ca. 10 Min. blindbacken. Papier und Hülsenfrüchte abnehmen und den Teig ca. 5 Min. weiterbacken.

4 Saure Sahne, Eier, Salz und Pfeffer in den Mixtopf geben und 30 Sek./Stufe 3 verrühren. Unter das abgekühlte Gemüse mischen. Die Mischung auf dem Teigboden verteilen und den Kuchen im Ofen (Mitte) 30–35 Min. backen.

5 Den Rucola waschen und trocken schütteln, den Schinken in feine Streifen schneiden. Den Zwiebelkuchen aus dem Ofen nehmen, in Stücke teilen und mit Rucola und Schinken bestreut servieren.

Der Klassiker macht viele satt!

SELLERIERÖSTI
mit Gorgonzolasauce

FÜR 4 PERSONEN

500 g Sellerie | 300 g Petersilienwurzeln | 80 g rote
Zwiebeln | 1 Knoblauchzehe | 10 g Zitronensaft |
Salz | grüner Pfeffer (ersatzweise schwarzer Pfeffer) |
frisch geriebene Muskatnuss | 2 Eier (M) | 150 g Mehl |
20 g Kürbiskerne | 120 g Gorgonzola | 100 g Sahne |
50 g Doppelrahm-Frischkäse | 75 g Apfelmus |
125 g Quark (20 % Fett) | 30 g Butter
Zubereitung: 1 Std. 20 Min.
Pro Portion ca. 570 kcal, 23 g E, 35 g F, 40 g KH

1 Sellerie, Petersilienwurzeln und Zwiebeln schälen
und in grobe Stücke schneiden. Knoblauch schälen.

2 Gemüse, Knoblauch, Zitronensaft, 1 TL Salz, Pfeffer,
Muskatnuss, Eier und Mehl in den Mixtopf geben und
zweimal 10 Sek./Stufe 5 mithilfe des Spatels zerklei-
nern. In eine Schüssel umfüllen, den Mixtopf reinigen.
Die Kürbiskerne im Mixtopf 6 Sek./Stufe 5 mithilfe des
Spatels hacken, in eine Schale füllen.

3 Für die Sauce Gorgonzola, Sahne, Frischkäse und
Apfelmus im Mixtopf 20 Min./100°/Stufe 1 garen. Dabei 5 Min. vor Garzeitende den Messbecher abnehmen. Sauce und Quark in einer Schüssel verrühren.

4 Den Backofen auf 100° vorheizen. In einer Pfanne
10 g Butter erhitzen, pro Rösti 1 EL Gemüsemasse hineinsetzen und bei mittlerer Hitze pro Seite in 8–9 Min.
knusprig braten. Herausnehmen und im Ofen warm
halten. Mit der restlichen Gemüsemasse wiederholen.
Die Rösti mit der Sauce beträufeln und mit den gehackten Kürbiskernen bestreuen.

GNOCCHI
alla romana

FÜR 4 PERSONEN

500 g Milch | Salz | 250 g Hartweizengrieß | Pfeffer |
frisch geriebene Muskatnuss | 3 Eigelb (M) |
60 g Parmesan | 75 g Butter | Butter für die Form |
runder Ausstecher (5 cm ⌀)
Zubereitung: 1 Std.
Pro Portion ca. 550 kcal, 19 g E, 31 g F, 49 g KH

1 Milch und 500 g Wasser im Mixtopf 10 Min./Stufe 3 auf 100° erhitzen, leicht salzen. Den Grieß langsam einrieseln lassen und dann sofort 5 Min./Stufe 2 rühren. Mit Salz, Pfeffer und Muskatnuss würzen, die Eigelbe zugeben und 15 Sek./Stufe 4 unterrühren.

2 Ein Backblech mit Backpapier belegen und die Grießmasse ca. 1 cm dick daraufstreichen. Ca. 30 Min. abkühlen und dabei fest werden lassen.

3 Inzwischen den Mixtopf reinigen und den Käse darin 10 Sek./ Stufe 7 zerkleinern. Den Backofen auf 180° vorheizen, eine Auflaufform mit Butter einfetten.

4 Sobald die Grießmasse fest ist, mit dem Ausstecher oder einem Glas Kreise ausstechen. Die Kreise leicht überlappend in die Form legen und die Butter in Flöckchen darauf verteilen. Die Gnocchi mit Salz und Pfeffer würzen, mit dem Parmesan bestreuen und im Ofen (Mitte) ca. 10 Min. backen.

TIPP

Statt Kreise auszustechen können Sie die Grießmasse auch einfach in 5 × 5 cm große Quadrate schneiden. So lassen sich Reste vermeiden.

Gefüllte
KLÖSSE
mit Champignonrahmsauce

FÜR 4 PERSONEN

Für die Klöße:

1 kg mehligkochende Kartoffeln

Salz

1 Zwiebel

1 Knoblauchzehe

½ Bund Petersilie

200 g gemischtes Hackfleisch

Pfeffer

2 Eier (M)

200 g Weizenmehl (Type 550)

Für die Sauce:

1 Zwiebel

1 Knoblauchzehe

300 g Champignons

200 g Sahne

Salz | Pfeffer

Außerdem:

Mehl zum Arbeiten

Butter für die Form

100 g Emmentaler

Zubereitung: 1 Std. 20 Min.
Pro Portion ca. 795 kcal,
35 g E, 40 g F, 73 g KH

1 Für die Klöße die Kartoffeln schälen und in Salzwasser 20 Min. garen. Danach abgießen, durch eine Kartoffelpresse drücken und abkühlen lassen.

2 Inzwischen Zwiebel und Knoblauch schälen, Petersilie waschen und trocken schütteln. Alles im Mixtopf 5 Sek./Stufe 8 hacken. Hackfleisch, Salz und Pfeffer 1 Min./Linkslauf/Stufe 1 untermischen. Aus der Hackmasse 8 Kugeln formen und in einer Pfanne ohne Fett bei mittlerer Hitze ca. 5 Min. anbraten. Den Mixtopf reinigen.

3 Die Kartoffeln mit 1 ½ TL Salz, Eiern und Mehl im Mixtopf 30 Sek./Linkslauf/Stufe 1 verkneten. Den Teig in 8 Portionen teilen. Ist er sehr weich, noch etwas Mehl unterkneten. Jede Portion auf der bemehlten Handfläche flach drücken, 1 Fleischbällchen daraufsetzen, den Teig darüber zusammendrücken und rund rollen.

4 Den Backofen auf 200° vorheizen, eine Auflaufform mit Butter einfetten. Den Käse grob zerteilen und im Mixtopf 4 Sek./Stufe 7 hacken, umfüllen. In einem großen Topf Salzwasser zum Sieden bringen und die Klöße darin ziehen lassen, bis sie an die Oberfläche steigen. Herausheben, abtropfen lassen und in die Form legen.

5 Für die Sauce Zwiebel und Knoblauch schälen, Champignons abbürsten und putzen. Zwiebel und Knoblauch im Mixtopf 5 Sek./Stufe 3 hacken, die Pilze zugeben und 8 Sek./Stufe 4 hacken. Sahne, ½ TL Salz und Pfeffer 10 Sek./Linkslauf/Stufe 1 unterrühren. Die Sauce um die Klöße gießen, mit dem gehackten Käse bestreuen und im Ofen (Mitte) 12–15 Min. überbacken.

Gefüllte
BUCHWEIZEN-
pfannkuchen

FÜR 4 PERSONEN

500 g Milch | 3 Eier (M) | Salz | 150 g Buchweizenmehl |
150 g Weizenmehl (Type 550) | 1 TL Backpulver |
200 g Aubergine | 300 g Blumenkohlröschen |
1 rote Zwiebel | 10 g Olivenöl | 1 EL Limettensaft |
200 g Tomaten | Pfeffer | 1 TL gemahlener Kreuz-
kümmel | 20 g getrocknete Cranberrys | Öl zum Braten
Zubereitung: 1 Std.
Pro Portion ca. 500 kcal, 21 g E, 16 g F, 69 g KH

1 Für den Teig Milch, Eier, ½ TL Salz, beide Mehlsorten und Backpulver in den Mixtopf geben und 30 Sek./
Stufe 4 verrühren. Den Teig in eine Schüssel umfüllen
und ca. 30 Min. ruhen lassen. Den Mixtopf reinigen.

2 Inzwischen für die Füllung Aubergine waschen, in
grobe Stücke schneiden und im Mixtopf 10 Sek./Stu-
fe 4 zerkleinern. Umfüllen. Blumenkohl waschen, im
Mixtopf 5 Sek./Stufe 4 zerkleinern und umfüllen.

3 Zwiebel schälen, halbieren und im Mixtopf 3 Sek./
Stufe 5 hacken. Das Öl zugeben und 2 Min./Varoma/
Stufe 1 dünsten. Tomaten waschen, vierteln und den
Stielansatz entfernen. Die Viertel halbieren. Mit Limettensaft, Gemüse, 1 TL Salz, ½ TL Pfeffer, Kreuzkümmel und Cranberrys in den Mixtopf geben und
alles 15 Min./100°/Linkslauf/Stufe 1 köcheln.

4 Gleichzeitig etwas Öl in zwei beschichteten Pfannen
erhitzen. Je 1 Kelle Teig hineingeben und bei mittlerer
Hitze pro Seite ca. 3 Min. backen. Die Pfannkuchen
herausnehmen, mit dem Gemüse belegen und zusammenklappen. Mit dem restlichen Teig wiederholen.

SPECKWAFFELN
mit Ananaskraut

FÜR 4 PERSONEN

100 g Emmentaler | 2 Frühlingszwiebeln |
60 g Haselnusskerne | 3 Eier (M) | 250 g Weizenmehl
(Type 550) | 175 g Malzbier | 100 g Butter | Salz |
Pfeffer | 150 g geräucherte Speckwürfel | ½ Ananas
(300 g) | 600 g Weißkohl | 1 Stück Ingwer (2,5 cm
lang) | 175 g Doppelrahm-Frischkäse | Waffeleisen |
Öl für das Waffeleisen
Zubereitung: 45 Min.
Pro Portion ca. 1 000 kcal, 37 g E, 67 g F, 64 g KH

1 Für den Teig den Käse entrinden, grob zerteilen
und im Mixtopf 3 Sek./Stufe 5 zerkleinern, umfüllen.
Die Frühlingszwiebeln putzen, waschen und im Mix-
topf 5 Sek./Stufe 5 hacken. Nüsse zugeben und 3 Sek./
Stufe 5 hacken. Eier, Mehl, Bier, Butter, ½ TL Salz und
Pfeffer zufügen und 1 Min./Stufe 3 verrühren. Speck
und Käse 15 Sek./Stufe 2 unterheben. Den Teig in einer
Schüssel 15 Min. quellen lassen, Mixtopf reinigen.

2 Inzwischen für das Kraut Ananas schälen, Strunk
entfernen und das Fruchtfleisch grob schneiden. Kohl
waschen, vierteln und den Strunk entfernen. Ananas
und Kohl im Mixtopf in 2–3 Portionen je 5 Sek./Stufe 4
hacken. Ingwer schälen und fein reiben. Mit 1 TL Salz
zugeben und alles 15 Min./100°/Linkslauf/Stufe 1 garen. Frischkäse 15 Sek./Linkslauf/Stufe 1 unterrühren.

3 Das Waffeleisen vorheizen, die Backflächen einölen.
1 ½ EL Teig hineingeben, schließen und die Waffel in
2–3 Min. goldgelb backen. Mit dem restlichen Teig
wiederholen. Mit dem Ananaskraut servieren.

In einem Herz-Waffeleisen werden es ein paar Waffeln mehr.

SCHUPFNUDELN
mit Asia-Sauerkraut

FÜR 4 PERSONEN

Für die Schupfnudeln:

750 g mittelgroße mehlig-
kochende Kartoffeln
50 g Mehl
1 Ei (M)
Salz

Für das Sauerkraut:

500 g frisches Sauerkraut
(ersatzweise aus der Dose)
1 Stängel Zitronengras
400 g Kokosmilch
1 TL Currypaste
4 Kaffirlimettenblätter (ersatzweise abgeriebene Schale von
1 Bio-Limette)

Außerdem:

Mehl für die Arbeitsfläche
Butter für die Schüssel

Zubereitung: 1 Std. 15 Min.
Pro Portion ca. 420 kcal,
12 g E, 23 g F, 38 g KH

Ein Rezept für hausgemachte Currypaste gibt's auf S. 174

1 Für die Schupfnudeln die Kartoffeln in einen großen Topf geben, drei Viertel hoch Wasser dazugießen und bei schräg aufgelegtem Deckel ca. 25 Min. garen. Die Kartoffeln abgießen und abkühlen lassen, dann pellen.

2 Die Kartoffeln mit Mehl, Ei und ½ TL Salz in den Mixtopf geben und 30 Sek./Stufe 3 glatt rühren, bis der Teig nicht mehr klebt. Bei Bedarf noch 20 g Mehl mehr zugeben. Vom Teig mit einem Teelöffel walnussgroße Stücke abnehmen und zwischen den Handflächen zu länglichen Schupfnudeln mit spitzen Enden formen. Auf die bemehlte Arbeitsfläche legen. Den Mixtopf reinigen.

3 Für das Sauerkraut das Kraut in ein Sieb geben und überschüssige Flüssigkeit herausdrücken. Beim Zitronengras Enden und äußere Blätter entfernen und den Stängel mit einem Fleischklopfer weich klopfen. Zitronengras, Kokosmilch, Currypaste und Kaffirlimettenblätter in den Mixtopf geben und 15 Min./100°/Linkslauf / Stufe 2 ohne Messbecher einköcheln lassen. Kaffirlimettenblätter und Zitronengras entfernen, das Kraut zugeben und 3 Min. erwärmen.

4 Inzwischen die Schupfnudeln portionsweise in einen großen Topf mit siedendem Salzwasser geben und ziehen lassen, bis sie an die Oberfläche steigen. Eine Servierschüssel mit Butter einfetten. Die Schupfnudeln mit einem Schaumlöffel herausheben, abtropfen lassen und in die Schüssel legen. Das Asia-Sauerkraut daraufgeben.

Mmmh ...mit Kurkuma-
Sahne-Sauce

Oma hat früher
den Topf mit dem
Milchreis ins Bett
gestellt und unter
der Bettdecke
ausquellen lassen.

APFELKOMPOTT
mit Grießnocken

FÜR 4 PERSONEN

600 g säuerliche Äpfel (z. B. Boskop) |
100 g Soft-Aprikosen | 25 g Butter | 250 g Quark
(20 % Fett) | 1 Ei (M) | 50 g Dinkelgrieß (ersatzweise
Weichweizengrieß) | ⅓ TL gemahlene Vanille |
4 EL Rum | 40 g Sahnetoffees | 80 g Sahne |
Spritzbeutel mit mittelgroßer Sterntülle
Zubereitung: 35 Min.
Pro Portion ca. 415 kcal, 13 g E, 19 g F, 38 g KH

1 Die Äpfel waschen, vierteln und entkernen. Die
Aprikosen im Mixtopf 5 Sek./Stufe 5 zerkleinern. Die
Äpfel zugeben und 5 Sek./Stufe 4 hacken. Eine ofenfeste Pfanne mit der Butter ausstreichen und die Apfelmasse darin verteilen. Den Mixtopf reinigen.

2 Den Backofen auf 180° vorheizen. Den Quark in
einem Sieb kurz abtropfen lassen. Das Ei trennen. Den
Rühraufsatz in den Mixtopf einsetzen und das Eiweiß
darin 2–2,5 Min./Stufe 3 steif schlagen, in eine Schale umfüllen. Quark, Grieß, Vanille und Eigelb in den
Mixtopf geben und 40 Sek./Stufe 2 verrühren. Den
Eischnee mit dem Spatel vorsichtig unterheben.

3 Die Apfelmasse in der Pfanne erhitzen und bei starker Hitze 3–4 Min. braten, bis die Äpfel karamellisieren. Vom Herd nehmen und den Rum dazugießen. Die
Quarkmasse in den Spritzbeutel füllen und Tupfen auf
die Äpfel spritzen. Im Ofen (Mitte) ca. 15 Min. backen.

4 Inzwischen den Mixtopf reinigen. Die Toffees darin
3 Sek./Stufe 8 zerkleinern. Die Sahne dazugießen und
die Toffees 5 Min./80°/Stufe 1 schmelzen. Das Kompott
mit der Karamellsauce servieren.

Dattel-Zimt-
MILCHREIS

FÜR 4 PERSONEN

50 g Datteln (entsteint) | 1100 g Milch |
2 TL Zimtpulver | 200 g Milchreis | 100 g Sahne |
40 g Zucker | 1 TL gemahlene Kurkuma
Zubereitung: 45 Min. + 30 Min. Quellen
Pro Portion ca. 505 kcal, 13 g E, 18 g F, 72 g KH

1 Für den Milchreis die Datteln im Mixtopf 4 Sek./
Stufe 6 zerkleinern und umfüllen. 1 000 g Milch und
1 TL Zimt in den Mixtopf geben und 8 Min./100°/Stu-
fe 1 erhitzen. Den Milchreis zufügen und 30 Min./90°/
Sanftrührstufe köcheln. In einen Topf umfüllen, die
Datteln zugeben und den Reis zugedeckt auf der warmen Heizung in ca. 30 Min. ausquellen lassen.

2 Inzwischen den Mixtopf reinigen. Für die Sauce
100 g Milch, Sahne, Zucker, Kurkuma und 1 TL Zimt
hineingeben und 10 Min./100°/Stufe 1 ohne Messbecher cremig einköcheln lassen. Die Sauce zum
Milchreis servieren.

Alpen-
GERMKNÖDEL
mit Maronen und Kumquats

FÜR 4 PERSONEN

Für den Teig:

270 g Mehl

100 g Milch

10 g Hefe (¼ Würfel)

1 Ei (M)

30 g Butter

15 g Zucker

Für Füllung und Sauce:

50 g gegarte Maronen
(vakuumverpackt)

50 g Doppelrahm-Frischkäse

2 Msp. gemahlene Vanille

30 g Zucker

150 g weiße Schokolade

100 g Kumquats

½ TL Zimtpulver

Außerdem:

25 g Haselnusskerne

Zubereitung: 1 Std.
+ 1 Std. 30 Min. Ruhen
Pro Portion ca. 690 kcal,
14 g E, 29 g F, 93 g KH

Die Kerne der Kumquats lassen ch am besten mit einem spitzen Messerchen entfernen.

1 Die Haselnüsse im Mixtopf 5 Sek./Stufe 4 grob hacken. In eine Schale umfüllen und beiseitestellen.

2 Für den Hefeteig 50 g Mehl, Milch und Hefe im Mixtopf 3 Min./37°/Stufe 2 vermischen. Übriges Mehl, Ei, 25 g Butter und Zucker zugeben und 2,5 Min./Teigstufe verkneten. Den Teig umfüllen und abgedeckt an einem warmen Ort ca. 30 Min. gehen lassen. Den Mixtopf reinigen, den Varoma-Behälter mit 5 g Butter einfetten.

3 Für die Füllung Maronen, Frischkäse, Vanille und 10 g Zucker in den Mixtopf geben und 10 Sek./Stufe 4 mithilfe des Spatels pürieren. Aus dem Teig 4 runde Fladen formen und je ein Viertel der Füllung daraufsetzen. Die Fladen über der Masse verschließen, zu Kugeln formen und die Knödel mit dem Teigschluss nach unten in den Varoma setzen. Verschließen und an einem warmen Ort ca. 1 Std. gehen lassen. Den Mixtopf reinigen und gut trocknen.

4 Für die Sauce die Schokolade in Stücke brechen, im Mixtopf 10 Sek./Stufe 5 hacken und umfüllen. Die Kumquats heiß abwaschen, längs halbieren und entkernen. Im Mixtopf 10 Sek./Stufe 4 zerkleinern und mit dem Spatel nach unten schieben. 20 g Zucker und Zimt zugeben und die Früchte 4 Min./100°/Sanftrührstufe ohne Messbecher erhitzen. Die Schokolade zufügen und 1,5 Min./70°/Stufe 2 mit Messbecher rühren. Die Sauce umfüllen.

5 Den Mixtopf reinigen, 600 g Wasser hineingießen, den Varoma-Behälter daraufsetzen und die Germknödel 35 Min./Varoma/Stufe 1 dämpfen. Die Sauce eventuell wieder erwärmen und mit den Germknödeln anrichten. Mit den gehackten Nüssen bestreuen.

HEISSE WINTERDRINKS
mal mit, mal ohne Alkohol

Die Zutaten reichen für jeweils 1 Liter. In 15 Min. steht jeder Drink fertig auf dem Tisch.

1

Johannisbeer-punsch

Heiße, weiße Schokolade

2

Kaffee-Karamell-Whisky

Kinderpunsch 4

3

Apfel-Mandel-Punsch

6

Heißer Eierlikör

5

1

1 Bio-Orange
heiß waschen,
abtrocknen und die Schale
hauchdünn abschälen. Mit 2 weiteren
Orangen und 2 Mandarinen auspressen.
Zitrussaft, 500 g Apfelsaft, 400 g Johannisbeer-
saft, 1 Zimtstange, 6 Nelken und 2 Kardamomkapseln im Mixtopf 10 Min./100°/Stufe 1 aufkochen,
dann 10 Min./80°/Stufe 1 ziehen lassen. Mit
Honig abschmecken und durch ein Sieb
in Becher gießen.

2

Rührauf-
satz in den Mixtopf
einsetzen und 125 g Sahne
darin 1 Min./Stufe 3 rühren. Weiter
ohne Zeitvorgabe auf Sicht bei Stufe 4 steif
schlagen. Umfüllen und kühlen. 250 g weiße
Schokolade in Stücke brechen und im Mixtopf
5 Sek./Stufe 8 hacken. Mit dem Spatel nach unten
schieben, 750 g Milch zugießen und 15 Min./80°/
Stufe 1 schmelzen. 30 g Kaffeelikör 10 Sek./
Stufe 5 unterrühren. Die Schokolade in
Becher gießen, einen Klecks Sahne
daraufsetzen und mit Zimtpulver
bestäuben.

3

200 g Sahne-
toffees mit
700 g Milch im Mixtopf
10 Min./90°/Stufe 2 erhitzen.
40 g lösliches Kaffeepulver und
100 g Scotch Whisky 2 Min./90°/
Stufe 1 unterrühren. In Becher
gießen und mit Kaffeebohnen
dekorieren.

4

Je 250 g Apfel-
und Orangensaft mit
500 g Wasser im Mixtopf
10 Min./100°/Stufe 1 aufkochen. ½ Vanilleschote aufschneiden und das Mark
herausschaben. Mark, Schote, 20 g Honig,
4 Nelken, 1 Zimtstange und 10 g Früchtetee
(4 Beutel) zum Saft geben und 5 Min./90°/
Stufe 1 ziehen lassen. Durch ein Sieb
in Becher gießen.

Vorsicht heiß!

5

1 Vanilleschote
längs aufschneiden und das
Mark herausschaben. Vanillemark,
750 g Milch und 20 g Zucker im Mixtopf
10 Min./90°/Stufe 1 erhitzen. 250 g Eierlikör
2 Min./90°/Stufe 1 unterrühren. In Becher gießen
und mit Kakaopulver bestäuben.

6

2 kleine Äpfel
waschen, vierteln, entkernen und quer in 2 mm dicke
Scheiben schneiden. 10 Min. in
100 g Mandellikör (z. B. Amaretto) marinieren. Inzwischen 1 Vanilleschote aufschneiden
und das Mark herausschaben. Vanillemark,
500 g Apfelsaft und 300 g Weißwein im
Mixtopf 10 Min./100°/Stufe 1 kochen. Die
Äpfel samt Likör zugeben und
2 Min./90°/Linkslauf/Stufe 1
erwärmen.

Festliche

MENÜS

zum Feiern

Am besten mit Einweghandschuhen verkneten.

GRÜNKOHL-
Rosenkohl-Salat

FÜR 4 PERSONEN

500 g Rosenkohl | 100 g Grünkohl (ersatzweise Wirsing) |
Salz | 1 Birne (250 g) | 60 g schwarze Oliven (entsteint) |
2 Bio-Orangen | 2 EL Olivenöl | 75 g Joghurt |
1 TL Honig | Pfeffer
Zubereitung: 20 Min.
Pro Portion ca. 195 kcal, 7 g E, 12 g F, 15 g KH

1 Den Rosenkohl waschen und putzen. Den Grünkohl waschen und die Blätter vom Strunk trennen. Im Mixtopf 8 Sek./Stufe 5 zerkleinern und in den Gareinsatz füllen. Jetzt den Rosenkohl im Mixtopf 5 Sek./Stufe 5 zerkleinern und ebenfalls in den Gareinsatz geben. 500 g Wasser in den Mixtopf gießen, salzen und den Kohl 5 Min./100° garen. Danach kalt abschrecken und in eine Salatschüssel füllen.

2 Inzwischen die Birne schälen, vierteln und entkernen. Die Viertel klein würfeln, die Oliven halbieren.

3 Für das Dressing 1 Orange heiß abwaschen, abtrocknen und die Schale abreiben. Beide Orangen auspressen. Orangenschale und -saft, Öl, Joghurt und Honig verquirlen. Das Dressing mit Salz und Pfeffer abschmecken und unter den Kohl mischen. Den Salat mit Birne und Oliven bestreuen.

Lauwarmer
ROTKOHLSALAT

FÜR 4 PERSONEN

500 g Rotkohl | Salz | 1 Knoblauchzehe | 1 rote Zwiebel |
10 g Rapsöl | 50 g Mandeln | 30 g Datteln (entsteint) |
50 g Apfelsaft | 2 Stängel Minze | ½ rote Chilischote |
100 g Schafskäse (Feta) | 20 g Apfelessig
Zubereitung: 20 Min.
Pro Portion ca. 210 kcal, 9 g E, 14 g F, 11 g KH

1 Den Kohl waschen, vierteln und den Strunk herausschneiden. Die Blätter längs in grobe Stücke schneiden und im Mixtopf in zwei Portionen 2 Sek./Stufe 5 zerkleinern. In eine Schüssel füllen, 1 TL Salz zugeben und 1–2 Min. verkneten.

2 Knoblauch und Zwiebel schälen, die Zwiebel in grobe Stücke schneiden. Beides im Mixtopf 2 Sek./Stufe 7 hacken. Öl, Mandeln und Datteln zugeben und 2 Sek./Stufe 6 zerkleinern, dann 2 Min./Varoma/Stufe 1 erhitzen. Kohl und Apfelsaft zufügen und 5 Min./100°/Stufe 1 garen.

3 Inzwischen Minze waschen, trocken schütteln und die Blätter fein schneiden. Chili eventuell entkernen, waschen und in Ringe schneiden. Feta abtropfen lassen und zerbröseln. Den Kohl lauwarm abkühlen lassen und den Essig untermischen. Mit Minze, Chili und Feta bestreuen.

Schmeckt auch mit
gerösteten
Walnüssen

ROTE-BETE-SALAT
mit Mandelcrunch

FÜR 4 PERSONEN

50 g TK-Himbeeren | 25 g gebrannte
Rosmarinmandeln (siehe S. 180) | 200 g Rote Bete |
1 Schalotte | 1 Knoblauchzehe | 30 g Rapsöl |
30 g Aceto balsamico | Salz | Pfeffer | 75 g Feldsalat |
150 g Ziegencamembert-Rolle
Zubereitung: 15 Min. + 2 Std. Auftauen
Pro Portion ca. 225 kcal, 9 g E, 18 g F, 6 g KH

1 Die Himbeeren in ca. 2 Std. oder über Nacht im Kühlschrank auftauen lassen. Die Mandeln im Mixtopf 3 Sek./Stufe 5 hacken und in eine Schale umfüllen.

2 Für den Salat die Rote Bete schälen, in grobe Stücke schneiden und im Mixtopf 4 Sek./Stufe 5 zerkleinern. In eine Schüssel umfüllen.

3 Für das Dressing Schalotte und Knoblauch schälen, die Schalotte halbieren. Beides in den Mixtopf geben und 5 Sek./Stufe 10 mithilfe des Spatels zerkleinern. Das Öl zugeben und die Schalotte 2 Min./Varoma/Stufe 2 dünsten. Essig, 30 g Wasser und die aufgetauten Himbeeren zugeben und 2 Sek./Stufe 7 vermischen. Mit Salz und Pfeffer abschmecken. Das Dressing unter die Roten Beten mischen.

4 Den Feldsalat putzen, waschen und trocken schleudern. Den Camembert in Scheiben schneiden. Den Rote-Bete-Salat auf einer Platte oder vier Tellern anrichten. Den Feldsalat darübergeben, den Ziegencamembert darauf anrichten und mit den gehackten Mandeln bestreuen.

TIPP

Statt Ziegenkäse schmecken auch gebratene Pilze im Salat. Dafür 250 g kleine Champignons abbürsten und putzen. Die Pilze in einer Pfanne ohne Fett bei starker Hitze braten, bis Flüssigkeit austritt und verdampft. Dabei gelegentlich schwenken. 1 EL Rapsöl zugeben und die Pilze unter Schwenken noch 1 Min. weiterbraten. Warm über den Salat streuen.

KARTOFFELSUPPE
mit Granatapfel

FÜR 4 PERSONEN
½ Zwiebel | 20 g Butter | 800 g Kartoffeln |
10 g Gemüsebrühe (Instant) | frisch geriebene Muskatnuss |
½ Granatapfel | 150 g Sahne | 20 g Weißweinessig | Pfeffer
Zubereitung: 25 Min.
Pro Portion ca. 290 kcal, 5 g E, 17 g F, 31 g KH

1 Die Zwiebel schälen und im Mixtopf 2 Sek./Stufe 7 hacken. Die Butter zugeben und die Zwiebel 3 Min./Varoma/Stufe 1 dünsten.

2 Die Kartoffeln schälen und in grobe Stücke schneiden. Zur Zwiebel in den Mixtopf geben und 3 Sek./Stufe 5 hacken. Brühe und 400 g Wasser zugeben und 3 Prisen Muskatnuss dazureiben. Die Suppe 16 Min./100°/Stufe 1 kochen.

3 Inzwischen den Granatapfel entkernen. Sahne und Essig zur Suppe geben, mit Pfeffer würzen und 30 Sek./Stufe 7 pürieren. Die Suppe in vier tiefen Tellern anrichten und mit den Granatapfelkernen bestreuen.

PASTINAKENSUPPE
mit Lavendelduft

FÜR 4 PERSONEN
500 g Pastinaken | 1000 g Milch | 2 TL getrocknete
Lavendelblüten | Salz | 1 EL Öl | 100 g Sahne | weißer Pfeffer
Zubereitung: 40 Min.
Pro Portion ca. 320 kcal, 10 g E, 20 g F, 25 g KH

1 Die Pastinaken schälen und putzen. Vom dicken Ende mit dem Gemüsehobel 50 g in Scheiben abhobeln, den Rest in grobe Stücke schneiden. Die Milch mit den Lavendelblüten im Mixtopf 15 Min./90°/Stufe 1 aromatisieren. Dann durch ein Sieb abgießen, den Mixtopf reinigen. Die Pastinakenstücke hineingeben und 5 Sek./Stufe 6 zerkleinern. Lavendelmilch, 200 g Wasser und 1 TL Salz zugeben und 10 Min./100°/Stufe 1 kochen.

2 Inzwischen das Öl in einer Pfanne erhitzen und die Pastinakenscheiben darin unter gelegentlichem Wenden knusprig anbraten. Auf Küchenpapier entfetten, leicht salzen.

3 Die Sahne zur Suppe gießen und 30 Sek/Stufe 10 pürieren. Mit Pfeffer abschmecken, in vier tiefen Tellern anrichten und mit den Pastinakenchips dekorieren.

SELLERIE-ORANGEN-SUPPE
mit gebratenem Lachs

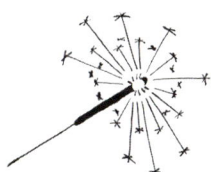

500 g Sellerie | 2 Schalotten | 25 g Butter |
350 g Orangensaft | Salz | ½ TL gemahlener
Kardamom | 1 Sternanis | 200 g Sahne | Pfeffer |
250 g Lachsfilet ohne Haut
Zubereitung: 30 Min.
Pro Portion ca. 370 kcal, 15 g E, 30 g F, 9 g KH

1 Den Sellerie schälen und in grobe Stücke schneiden. Die Stücke im Mixtopf 5 Sek./Stufe 10 zerkleinern. In eine Schale umfüllen und beiseitestellen.

2 Die Schalotten schälen, halbieren und im Mixtopf 5 Sek./Stufe 3 hacken. Die Butter zugeben und die Schalotten 2 Min./Varoma / Stufe 1 dünsten.

3 Den Sellerie zu den Schalotten in den Mixtopf geben, Orangensaft und 150 g Wasser dazugießen. Mit 1 TL Salz, Kardamom und Sternanis würzen und die Suppe 15 Min./100° kochen.

4 Inzwischen den Lachs kalt abspülen und mit Küchenpapier trocken tupfen. Eine Pfanne mit Backpapier auslegen und den Lachs darin bei starker Hitze von beiden Seiten in 3–4 Min. scharf anbraten. Herausnehmen und mit einer Gabel zerpflücken.

5 Den Sternanis aus der Suppe nehmen, die Sahne dazugießen und mit Pfeffer würzen. Die Suppe 30 Sek./Stufe 10 pürieren, mit Salz und Pfeffer abschmecken. Die Suppe in vier tiefen Teller anrichten und mit den Lachsstückchen dekorieren.

TIPP

Das Braten auf Backpapier in der Pfanne mag auf den ersten Blick fremd erscheinen, aber probieren Sie es unbedingt aus! Bei dieser sehr coolen Methode gart der Fisch völlig fettfrei, und die Pfanne bleibt sauber.

Nach Belieben mit gemahlenem rosa Pfeffer bestreuen.

CRÊPES-RÖLLCHEN
mit Feta und Schinken

FÜR 4 PERSONEN

120 g Mehl | 200 g Milch | 1 Ei (L) | ½ TL Backpulver |
½ TL gemahlene Kurkuma | 20 g Haselnusskerne |
50 g Cranberrys | 150 g Schafskäse (Feta) | 1 TL rosa
Pfeffer | 4 TL Rapsöl | 60 g Lachsschinken | 1 Handvoll
Babyspinat | 2 EL Olivenöl | 1 EL Aceto balsamico |
Salz | Pfeffer

Zubereitung: 1 Std.

Pro Portion ca. 385 kcal, 17 g E, 19 g F, 35 g KH

1 Mehl, Milch, Ei, Backpulver und Kurkuma in den Mixtopf geben und 20 Sek./Stufe 9 verrühren. Den Teig in eine Schüssel füllen und ca. 30 Min. quellen lassen, Mixtopf reinigen.

2 Die Haselnüsse im Mixtopf 10 Sek./Stufe 10 mahlen und in eine Schale füllen. Cranberrys, Schafskäse und rosa Pfeffer im Mixtopf 3 Sek./Stufe 5 vermischen.

3 In einer beschichteten Pfanne 1 TL Rapsöl erhitzen, 1 kleine Kelle Teig hineingeben und bei mittlerer Hitze in 2–3 Min. pro Seite zu einer Crêpe backen. Die fertige Crêpe auf einen Teller gleiten lassen. Ein Viertel vom Schinken auf die untere Hälfte legen, mit einem Viertel der Nüsse bestreuen und ein Viertel der Käsecreme daraufstreichen. Dann eng aufrollen. So noch drei weitere Crêpes backen und füllen. Zuletzt alle Crêpes in ca. 2 cm breite Stücke schneiden.

4 Den Spinat waschen, trocken schütteln und auf vier Teller verteilen. Olivenöl und Essig verquirlen, mit Salz und Pfeffer würzen und über den Spinat träufeln. Die Crêpes-Röllchen darauf anrichten und servieren.

LAMM-CROSTINI
mit Hack

FÜR 4 PERSONEN

25 g Haselnusskerne | 1 kleine rote Zwiebel |
1 Knoblauchzehe | 15 g Butter | 100 g Lammhackfleisch
(Asia- oder Biomarkt) | 50 g Sahne | 1 TL gemahlenes
Wildgewürz | Salz | Pfeffer | 2 Roggenbrötchen |
4 TL Preiselbeerkonfitüre

Zubereitung: 35 Min.
Pro Portion ca. 250 kcal, 8 g E, 16 g F, 19 g KH

1 Den Backofen auf 200° vorheizen, ein Backblech mit Backpapier belegen. Die Nüsse im Mixtopf 10 Sek./Stufe 10 mahlen und in eine Schale füllen. Zwiebel und Knoblauch schälen und im Mixtopf 5 Sek./Stufe 6 hacken. Die Butter zugeben und 2 Min./Varoma/Stufe 1 dünsten. In eine Schale füllen und abkühlen lassen.

2 Hackfleisch, Sahne, Wildgewürz, ½ TL Salz, Pfeffer und Nüsse im Mixtopf 10 Sek./Stufe 10 pürieren. Mit dem Spatel nach unten schieben und nochmals 10 Sek./Stufe 10 pürieren. Den Zwiebelmix zufügen und 15 Sek./Stufe 2 untermischen.

3 Die Brötchen längs in 16 ca. 5 mm dicke Scheiben schneiden und mit der Hackmasse bestreichen. Auf das Blech legen und im Ofen (Mitte) ca. 15 Min. backen. Die Crostini mit je ¼ TL Konfitüre beträufeln und warm servieren. Nach Belieben noch mit ein paar frischen Thymianblättchen garnieren.

Orangenmayo selbst gemacht!

Chai-gebeizter
LACHS

FÜR 4 PERSONEN

5 g Amarettini | 10 g loser Chai-Tee | 15 g Zucker | Salz |
400 g Lachsfilet mit Haut | ½ Bio-Orange | 1 Ei (M) |
1 TL gemahlener Ingwer | 1 Msp. Cayennepfeffer |
5 g mittelscharfer Senf | 230 g Rapsöl | 20 g geröstetes
Sesamöl | 1 Baguette | Olivenöl zum Braten |
Gefrierbeutel | Spritzbeutel mit kleiner Lochtülle
Zubereitung: 25 Min. + 12 Std. Beizen
Pro Portion ca. 995 kcal, 26 g E, 81 g F, 39 g KH

1   Amarettini im Mixtopf 2 Sek./Stufe 5 hacken, umfüllen. Den Tee im Mixtopf 30 Sek./Stufe 10 mahlen.
Zucker und 4 TL Salz 5 Sek./Sanftrührstufe einrühren.

2   Den Lachs kalt abspülen, trocken tupfen und im
Gefrierbeutel mit dem Teemix bestreuen. Luft herausdrücken, Beutel schließen und die offene Seite nach
oben schlagen. In eine Auflaufform legen, mit einem
Brett und einem Gewicht (z. B. Konservendose) beschweren und im Kühlschrank 12–24 Std. beizen.

3   Für die Mayonnaise die Orange heiß abwaschen, abtrocknen, die Schale abreiben und den Saft auspressen.
Orangenschale, 20 g Saft, Ei, Ingwer, Cayennepfeffer,
½ TL Salz und Senf im Mixtopf 2 Min./Stufe 3 mixen.
Dabei Raps- und Sesamöl durch die Deckelöffnung
zugießen. Die Mayonnaise in den Spritzbeutel füllen.

4   Den Lachs kalt abspülen, abtupfen und schräg in
dünne Scheiben schneiden. Baguette in 16 Scheiben
schneiden und in einer Pfanne in wenig Olivenöl rösten. Die Brote mit dem Lachs belegen, Mayonnaise-
tupfen aufspritzen und die Keksbrösel daraufstreuen.

FORELLENCREME-
Törtchen

FÜR 4 PERSONEN

½ Rolle frischer Blätterteig (135 g, aus dem
Kühlregal) | 5 Zweige Thymian | ½ TL bunter Pfeffer |
1 Schalotte | 10 g Butter | 100 g Räucherforellenfilets |
50 g Crème fraîche | 6 schwarze Oliven (entsteint) |
60 g Orangenmarmelade | Spritzbeutel mit
mittelgroßer Lochtülle

Zubereitung: 40 Min.

Pro Portion ca. 290 kcal, 8 g E, 19 g F, 22 g KH

1 Den Backofen auf 200° vorheizen, ein Backblech
mit Backpapier belegen. Den Blätterteig entrollen und
in 12 6 × 6 cm große Stücke schneiden. Diese mit etwas
Abstand auf das Backblech legen.

2 Thymian waschen und trocknen. Die Blättchen mit
dem Pfeffer im Mixtopf 8 Sek./Stufe 7 grob mörsern.
Auf die Teigquadrate streuen, mit einem Bogen Backpapier abdecken und ein zweites Blech darauflegen.
Die Quadrate im Ofen (Mitte) in 10–12 Min. goldbraun
backen. Herausnehmen und ganz abkühlen lassen.

3 Inzwischen die Schalotte schälen und im Mixtopf
5 Sek./Stufe 6 zerkleinern. Die Butter einwiegen und
2 Min./Varoma/Stufe 1 dünsten. Den Fisch 5 Sek./
Stufe 5 unterrühren, die Crème fraîche 3 Sek./Stufe 3
einrühren und die Masse in den Spritzbeutel füllen.

4 Die Oliven vierteln. 8 Blätterteigquadrate mit Mar-
melade bestreichen, die Fischcreme daraufspritzen
und die Olivenviertel darauf verteilen. Je zwei belegte
Quadrate aufeinanderstapeln und mit den restlichen
Quadraten abdecken.

Radicchio-
RISOTTO
mit Kabeljau und Orangensauce

FÜR 4 PERSONEN

Für Fisch und Sauce:
400 g Kabeljaufilet
2 Bio-Orangen
40 g Butter
1 TL Speisestärke
1 TL Honig
Salz | Pfeffer

Für den Risotto:
200 g Radicchio
100 g Parmesan
1 rote Zwiebel
2 Knoblauchzehen
30 g Olivenöl
250 g Risotto-Reis
150 g trockener Weißwein
20 g Gemüsebrühe (Instant)

Zubereitung: 40 Min.
Pro Portion ca. 615 kcal,
33 g E, 24 g F, 58 g KH

1 Den Kabeljau waschen und trocken tupfen. Die Orangen heiß abwaschen und abtrocknen. Die Schale abreiben und auf den Fisch streuen. Den Einlegeboden des Varoma-Behälters mit 20 g Butter einfetten. Den Kabeljau darauflegen und den Behälter verschließen.

2 Für den Risotto den Radicchio waschen, putzen und in grobe Stücke schneiden. Diese im Mixtopf 3 Sek./Stufe 5 zerkleinern und in eine Schale umfüllen. Den Parmesan entrinden und 10 Sek./Stufe 10 zerkleinern. Zum Radiccio geben, den Mixtopf reinigen.

3 Zwiebel und Knoblauch schälen und im Mixtopf 3 Sek./Stufe 7 zerkleinern. Das Öl zugeben und den Zwiebelmix 2 Min./Varoma/Stufe 1 dünsten. Den Reis zufügen und 3 Min./100°/Linkslauf/Stufe 1 mitdünsten. Mit Wein und 700 g Wasser ablöschen und die Brühe zugeben. Den Varoma-Behälter auf den Mixtopf setzen und alles 22 Min./Varoma/Linkslauf/Sanftrührstufe ohne Messbecher garen.

4 Inzwischen für die Sauce die Orangen auspressen. Saft, Stärke und Honig in einem Topf verquirlen. 20 g Butter zugeben und langsam aufkochen, dann unter gelegentlichem Rühren köcheln und andicken lassen. Die Sauce mit Salz und Pfeffer abschmecken.

5 Den Varoma abnehmen. Radicchio und Parmesan unter den Reis heben. Risotto und Kabeljau portionsweise anrichten und mit der Orangensauce überziehen.

Steinpilz-POLENTA mit Wintergemüse

FÜR 4 PERSONEN

Für die Polenta:

10 g getrocknete Steinpilze

75 g Parmesan

1 kleine weiße Zwiebel (ersatz-weise 1 Schalotte)

50 g Butter

200 g Polenta (Maisgrieß)

Für das Gemüse:

600 g gemischtes Wintergemüse (z. B. Möhren, Pastinaken, Petersilienwurzeln)

Salz

4 Stängel glatte Petersilie

5 EL Öl

25 g Butter

Pfeffer

Zubereitung: 35 Min.
Pro Portion ca. 550 kcal,
14 g E, 34 g F, 47 g KH

1 Für die Polenta die Steinpilze im Mixtopf 10 Sek./Stufe 10 mahlen und in eine Schale füllen. Den Parmesan in grobe Stücke schneiden, 10 Sek./Stufe 7 zerkleinern und ebenfalls in eine Schale füllen.

2 Für das Gemüse die Wintergemüse schälen, putzen und in Stifte schneiden. 600 g Wasser mit 1 TL Salz in den Mixtopf geben. Die Gemüsestifte in den Gareinsatz füllen und 10 Min./100°/Stufe 1 kochen. Dann den Gareinsatz herausnehmen und die Kochflüssigkeit in einen Rührbecher umfüllen.

3 Die Zwiebel schälen, vierteln und im Mixtopf 10 Sek./Stufe 6 hacken. 50 g Butter zugeben und die Zwiebel 1,5 Min./100°/Stufe 1 dünsten. Die Steinpilze zufügen. Bei eingeschalteter Waage die Kochflüssigkeit dazugießen und bei Bedarf mit Wasser auf 600 g auffüllen. Alles 1 Min./100°/Stufe 1 erhitzen. Die Polenta zugeben und bei 10 Min./70°/Stufe 1 köcheln.

4 Inzwischen die Petersilie waschen, trocken schütteln und die Stängel kürzen. Die Blätter zwischen zwei Bogen Backpapier legen und mit dem Nudelholz flach rollen. Das Öl in einer kleinen Pfanne erhitzen, bis sich an einem ins Öl gehaltenen Holzstäbchen Bläschen bilden. Die Petersilienblätter darin pro Seite ca. 15 Sek. frittieren. Auf Küchenpapier entfetten.

5 In einer zweiten Pfanne 25 g Butter erhitzen und das Gemüse darin bei mittlerer Hitze rundum 6–8 Min. anbraten. Mit Salz und Pfeffer abschmecken.

6 Den Parmesan unter die Polenta heben. Polenta und Gemüse in vier Schalen anrichten und mit der frittierten Petersilie bestreuen.

Die Petersilienblätter beim Frittieren nebeneinander ins heiße Öl legen.

Dazu gibt's noch eine Schüssel mit gekochtem Kraut.

Brezenknödel mit
LAMMSTEAKS
und Beerensauce

FÜR 4 PERSONEN
Für die Knödel:
300 g Brezen vom Vortag
25 g Mandeln
15 g Soft-Cranberrys
½ TL Lebkuchengewürz
Salz | Pfeffer
2 Zwiebeln
30 g Butter
225 g Milch
2 Eier (L)
frisch geriebene Muskatnuss
Für Sauce und Steaks:
15 g Butter
400 g Rotwein
150 g gemischte TK-Beeren
Salz | Pfeffer
1 EL Honig
2 EL Rapsöl
500 g Lammsteaks
20 g Soft-Cranberrys

Zubereitung: 1 Std. 10 Min.
Pro Portion ca. 905 kcal,
37 g E, 52 g F, 53 g KH

1 Für die Knödel die Brezen vierteln und im Mixtopf 8 Sek./Stufe 5 zerkleinern, in eine Schüssel füllen. Mandeln, Cranberrys, Lebkuchengewürz, Salz, Pfeffer und 25 g Brezenstücke im Mixtopf 15 Sek./Stufe 8 vermischen. Die Panade umfüllen, den Mixtopf reinigen.

2 Die Zwiebeln schälen, vierteln und im Mixtopf 5 Sek./Stufe 7 mithilfe des Spatels hacken. Die Hälfte für die Sauce herausnehmen, den Rest mit 25 g Butter 2 Min./Varoma/Stufe 2 dünsten. Die Milch dazugießen und 1,5 Min./60°/Stufe 1 erwärmen. Brezenstücke, Eier, ½ TL Salz, Pfeffer und 2 Prisen Muskat zufügen und 10 Sek./Teigstufe verkneten. Aus dem Teig mit angefeuchteten Händen 16 Knödel formen. Varoma-Behälter und Einlegeboden mit 5 g Butter einfetten und die Knödel hineinlegen. Den Mixtopf reinigen.

3 Für die Sauce die übrigen Zwiebeln mit 15 g Butter im Mixtopf 2 Min./Varoma/Stufe 1 dünsten. Wein, TK-Beeren, 1 TL Salz, ½ TL Pfeffer und Honig zugeben. Den Varoma-Behälter auf den Mixtopf setzen und alles 30 Min./Varoma/Stufe 1 garen.

4 Den Backofengrill auf 180° vorheizen. Für die Steaks das Öl in einer großen ofenfesten Pfanne erhitzen und die Steaks darin pro Seite ca. 1 Min. anbraten. Die Panade auf die Steaks verteilen und andrücken. Die Steaks im Ofen in ca. 10 Min. fertig braten.

5 Den Varoma beiseitestellen. Den Beerensud durch ein Sieb gießen, den Mixtopf reinigen. Sud und Cranberrys im Mixtopf 30 Sek./Stufe 10 pürieren. Die Steaks mit Knödeln und Sauce servieren.

HIRSCHGULASCH
mit Süßkartoffeln

FÜR 4 PERSONEN

100 g Edelbitterschokolade (70 % Kakao) |
4 rote Zwiebeln | 50 g Butter | 600 g Hirschgulasch
(ersatzweise Rindergulasch) | 6 EL Öl |
12 Kardamomkapseln | Salz | Pfeffer | 750 g trockener
Rotwein | 60 g frisch gebrühter Espresso | 700 g kleine
Süßkartoffel | 25 g cremiger Honig | 25 g Whisky

Zubereitung: 1 Std. 5 Min.

Pro Portion ca. 885 kcal, 36 g E, 41 g F, 49 g KH

1   Schokolade in Stücke brechen, im Mixtopf 5 Sek./
Stufe 5 hacken und umfüllen. Die Zwiebeln schälen,
vierteln und im Mixtopf 3 Sek./Stufe 1 zerkleinern. Die
Butter zugeben und 2 Min./Varoma / Stufe 1 dünsten.

2   Fleisch waschen, trocken tupfen und in einer Pfanne in 5 EL Öl ca. 5 Min. scharf anbraten. In den Mixtopf geben. Kardamom grob mörsern, mit 1 TL Salz,
½ TL Pfeffer, Wein und Espresso zugeben. Das Gulasch 50 Min./100°/Linkslauf/Stufe 1 garen. 10 Min. vor
Garzeitende auf Varoma/Stufe 1 schalten, Schokolade
zugeben und ohne Messbecher fertig garen.

3   Inzwischen den Backofengrill auf 230° vorheizen,
ein Backblech mit Backpapier belegen. Die Süßkartoffeln waschen und in einem Topf in Wasser in
ca. 15 Min. bissfest garen. Abgießen, pellen, in Spalten
schneiden und auf das Blech legen. Honig, Whisky
und 1 EL Öl verrühren. Ein Drittel davon auf die Spalten streichen und im Ofen (Mitte) ca. 5 Min. backen.
Noch zweimal wiederholen. Die Süßkartoffeln salzen,
pfeffern und zum Gulasch servieren.

Der Klassiker mal raffiniert!

Würstchen mit
KARTOFFELSALAT

FÜR 4 PERSONEN
500 g festkochende Kartoffeln | 1 Dose weiße
Bohnen (240 g Abtropfgewicht) | 100 g Babyspinat |
5 g Petersilie (⅓ Bund) | 1 Knoblauchzehe |
25 g schwarze Oliven (entsteint) | 50 g getrocknete
Tomaten | 25 g Olivenöl | 15 g Aceto balsamico bianco |
Salz | Pfeffer | 40 g Cashewkerne |
6–8 Wiener Würstchen
Zubereitung: 45 Min.
Pro Portion ca. 620 kcal, 20 g E, 48 g F, 25 g KH

1 Die Kartoffeln schälen, quer halbieren und in den Gareinsatz füllen. 500 g Wasser in den Mixtopf füllen, Gareinsatz einhängen und die Kartoffeln 25 Min./100°/Stufe 2 garen. Gareinsatz herausnehmen, die Kartoffeln abkühlen lassen und in Scheiben schneiden. Diese nochmals halbieren. Das Wasser abgießen.

2 Während die Kartoffeln garen, die Bohnen in ein Sieb abgießen, kalt abspülen und abtropfen lassen. Spinat waschen und abtropfen lassen. Petersilie waschen, trocken schütteln und die Stängel abschneiden.

3 Den Knoblauch schälen und mit Oliven, Tomaten, Olivenöl, Essig, 1 TL Salz, Pfeffer und der Petersilie im Mixtopf 2 Sek./Stufe 6 zerkleinern. Das Dressing mit Kartoffeln, Spinat und Bohnen mischen.

4 Die Cashewkerne in einer beschichteten Pfanne ohne Fett rösten, bis sie bräunen. Danach grob hacken und auf den Salat streuen. Die Würstchen in siedendem Wasser erwärmen und zum Salat servieren.

Winterliche ROULADEN
mit Apfel-Speck-Füllung

FÜR 4 PERSONEN

Für die Herzoginkartoffeln:
700 g mehligkochende Kartoffeln
2 Eigelb (M)
Salz | Pfeffer
6 EL Sahne

Für die Rouladen:
4 Rinderrouladen (750 g)
Pfeffer
75 g Appenzeller
40 g getrocknete Apfelringe
25 g Haselnusskerne
50 g geräucherte Speckwürfel
20 g Senf
1 EL Weichweizengrieß
500 g Suppengemüse
2 EL Öl
1 EL Tomatenmark
500 ml Glühwein | Salz

Außerdem:
Küchengarn
Spritzbeutel mit mittelgroßer
Sterntülle

Zubereitung: 2 Std. 30 Min.
Pro Portion ca. 770 kcal,
24 g E, 36 g F, 70 g KH

1 Die Kartoffeln waschen. In einen Topf geben, drei Viertel hoch Wasser angießen und in ca. 25 Min. weich garen.

2 Inzwischen für die Rouladen das Fleisch waschen, trocken tupfen, längs auf die Arbeitsfläche legen und pfeffern. Den Käse entrinden und in grobe Stücke schneiden. Mit Apfelringen, Nüssen, Speck, Senf und Grieß in den Mixtopf geben und 10 Sek./Stufe 5 zerkleinern. Die Masse auf den Rouladen verteilen. Die Seitenränder einklappen, aufwickeln und die Rouladen mit Küchengarn zusammenbinden. Den Mixtopf reinigen. Das Suppengemüse waschen bzw. schälen, putzen und in grobe Stücke schneiden. Im Mixtopf 10 Sek./Stufe 5 hacken.

3 Die Kartoffeln abgießen, heiß pellen und durch die Kartoffelpresse drücken. Eigelbe, Salz und Pfeffer untermischen. Die Masse in den Spritzbeutel füllen und walnussgroße Rosetten auf ein mit Backpapier belegtes Backblech spritzen. Beiseitestellen.

4 Das Öl in einer Pfanne erhitzen und die Rouladen darin rundum 3–5 Min. scharf anbraten. In den Gareinsatz legen. Gemüse und Tomatenmark 4–5 Min. in der Pfanne anbraten. Mit Glühwein ablöschen, in den Mixtopf füllen und 1 TL Salz zugeben. Den Gareinsatz einhängen und die Rouladen 1 Std. 5 Min./100°/Stufe 1 garen.

5 Den Backofen auf 200° vorheizen. 15 Min. vor Garzeitende der Rouladen die Kartoffeln mit Sahne beträufeln und im Ofen (Mitte) 10–15 Min. backen. Die Rouladen herausnehmen und in Alufolie wickeln. Den Sud durch ein Sieb abgießen. Die Rouladen mit Herzoginkartoffeln und Sauce servieren. Dazu schmecken Möhren.

Füllung mit Käse,
Apfel, Nüssen und
Speck ...mmmh!

Wirsing-ROULADEN
mit Mandel-Hirse-Füllung

FÜR 4 PERSONEN

40 g Mandeln
75 g Hirse
50 g rote Linsen
Salz
4 große Wirsingblätter
1 Bio-Zitrone
1 rote Zwiebel
1 Knoblauchzehe
40 g Öl
30 g Soft-Pflaumen
(entsteint)
Pfeffer
1 Bund Suppengemüse
½ Bund Thymian
200 g Weißwein
5 g Honig
100 g Crème fraîche

Außerdem:
Küchengarn

Zubereitung: 1 Std. 20 Min.
Pro Portion ca. 445 kcal,
11 g E, 27 g F, 31 g KH

1 Die Mandeln im Mixtopf 5 Sek./Stufe 4 hacken, dann in einer beschichteten Pfanne ohne Fett anrösten. In eine Schüssel füllen. Die Hirse in einem Sieb heiß abspülen. Linsen und Hirse in den Gareinsatz geben, 500 g Wasser in den Mixtopf gießen und salzen. Die Wirsingblätter waschen, in den Varoma-Behälter legen, verschließen und auf den Mixtopf setzen. Alles 10 Min./100°/Stufe 2 dünsten. Hirse und Linsen zu den Mandeln geben. Den Mixtopf reinigen.

2 Die Zitrone heiß abwaschen, abtrocknen und die Schale abreiben. Zwiebel und Knoblauch schälen und im Mixtopf 5 Sek./Stufe 5 hacken. 10 g Öl zugeben und 2 Min./Varoma / Stufe 2 dünsten. Pflaumen zufügen und 3 Sek./Stufe 5 zerkleinern. Mandel-Hirse-Mix, Zitronenschale, ½ TL Salz und Pfeffer 15 Sek./Stufe 1 unterrühren.

3 Dicke Rippen der Wirsingblätter flach schneiden. Je ein Viertel der Füllung daraufgeben, Seiten einschlagen, aufrollen und mit Küchengarn fixieren. Den Mixtopf reinigen. Das Gemüse waschen bzw. schälen und in grobe Stücke schneiden. Im Mixtopf 8 Sek./Stufe 4 hacken. Den Thymian waschen und trocken schütteln.

4 In einer Pfanne 20 g (2 EL) Öl erhitzen und die Rouladen darin rundum scharf anbraten, in den Gareinsatz geben. Wieder 10 g (1 EL) Öl in die Pfanne geben und das Gemüse darin 5 Min. scharf anbraten. Mit Wein und 100 g Wasser ablöschen und mit Honig, ½ TL Salz und Thymian in den Mixtopf geben. Den Gareinsatz einhängen und alles 25 Min./100°/Stufe 2 garen.

5 Die Rouladen herausnehmen, die Sauce durch ein Sieb gießen, Mixtopf reinigen. Sauce, Crème fraîche und Pfeffer im Mixtopf 1 Min./80°/Stufe 2 verrühren. Die Rouladen mit der Sauce servieren.

Dazu gibt's noch ein Blech mit knusprigen Ofenkartoffeln.

Die Filets rechtzeitig vor dem Braten aus dem Kühlschrank nehmen, damit sie Raumtemperatur annehmen.

ENTENBRUST
mit Wintergemüse und Quinoa-Blini

FÜR 4 PERSONEN

Für die Blini:
25 g Quinoa
60 g Buttermilch
5 g Hefe
½ TL Zucker
125 g Dinkelmehl (Type 630)
1 Ei (M)
55 g Butter

Für das Gemüse:
550 g gemischtes Wintergemüse
1 Limette
½ gelbe Chilischote
10 g geröstetes Sesamöl
20 g Honig | Salz

Für Sauce und Ente:
1 Stängel Zitronengras
1 Stück Ingwer (1 cm lang)
400 g Kokosmilch
1 Sternanis | Salz
2 Entenbrustfilets mit Haut
(400 g)

Zubereitung: 1 Std. 20 Min.
Pro Portion ca. 708 kcal,
30 g E, 47 g F, 39 g KH

1 Für die Blini Quinoa in einem Sieb heiß abspülen. Mit Buttermilch, Hefe und Zucker im Mixtopf 20 Sek./Stufe 10 zerkleinern, dann 2 Min./37°/Stufe 1 erwärmen. Mehl, Ei und 125 g lauwarmes Wasser 1 Min./Stufe 3 unterrühren. Den Teig in eine Schüssel füllen und ca. 30 Min. gehen lassen. Den Mixtopf reinigen.

2 Den Varoma-Behälter mit 5 g Butter einfetten. Das Gemüse schälen, in Stifte schneiden, in den Varoma geben und beiseitestellen. Limette auspressen, Chili entkernen und waschen. Limettensaft, Chili, Öl, Honig und ½ TL Salz in den Mixtopf geben und 10 Sek./Stufe 10 pürieren. Das Dressing umfüllen, den Mixtopf ausspülen.

3 Für die Sauce Zitronengras putzen, Ingwer schälen. Beides halbieren und weich klopfen. Mit Kokosmilch, Sternanis und ½ TL Salz im Mixtopf 15 Min./100°/Stufe 1 kochen. Die Gewürze entfernen, den Varoma auf den Mixtopf setzen und das Gemüse 12 Min./Varoma/Stufe 1 garen.

4 Inzwischen für die Ente den Backofen auf 150° vorheizen. Die Filets auf der Hautseite in 1 cm Abstand rautenförmig einschneiden. Auf der Haut in eine kalte Pfanne legen und bei starker Hitze in 7–10 Min. kross anbraten. Wenden und ca. 2 Min. weiterbraten. Auf den Rost legen und im Ofen (Mitte) in ca. 20 Min. gar ziehen lassen.

5 Gleichzeitig etwas Butter in einer beschichteten Pfanne erhitzen. Den Teig esslöffelweise hineinsetzen und bei mittlerer Hitze in ca. 3 Min. pro Seite zu Blini braten. Gemüse und Dressing mischen. Die Filets aufschneiden und mit Blini, Gemüse und Sauce servieren.

Gerollter PUTENBRATEN mit Sahnewirsing

FÜR 4 PERSONEN

Für Füllung und Braten:

50 g Mandeln

1 Schalotte

10 g Butter

50 g Soft-Pflaumen (entsteint)

50 g Elisenlebkuchen (ersatzweise 1 TL Lebkuchengewürz und 50 g Toastbrot)

100 g Schafskäse (Feta)

Salz | Pfeffer

600 g Putenrollbraten (Brust, vom Metzger vorbereiten lassen)

1 EL Öl

Für den Sahnewirsing:

450 g Wirsing

1 Bio-Zitrone

200 g Sahne

300 g Milch

frisch geriebene Muskatnuss

Salz | Pfeffer

Außerdem:

Küchengarn

Zubereitung: 1 Std. 30 Min.
Pro Portion ca. 655 kcal,
51 g E, 38 g F, 27 g KH

1 Für die Füllung die Mandeln in einer beschichteten Pfanne ohne Fett ca. 5 Min. rösten. Dann in den Mixtopf geben und 3 Sek./Stufe 6 hacken, umfüllen. Die Schalotte schälen und im Mixtopf 3 Sek./Stufe 5 hacken. Die Butter zugeben und 2 Min./Varoma/Stufe 1 dünsten. Pflaumen und Lebkuchen zufügen und 6 Sek./Stufe 6 zerkleinern. Schafskäse und Mandeln zugeben und alles 10 Sek./Teigstufe verkneten. Die Füllung herausnehmen, den Mixtopf reinigen.

2 Den Backofen auf 150° vorheizen. Den Braten auf einer Seite salzen und pfeffern. Am unteren Ende mit der Füllung bestreichen, die Seiten einschlagen und aufrollen. Mit Küchengarn zusammenbinden. Das Öl in einer beschichteten Pfanne erhitzen und den Rollbraten darin rundum scharf anbraten. In eine ofenfeste Form legen und im Ofen (Mitte) je nach Dicke 35–45 Min. garen.

3 Für den Sahnewirsing den Wirsing putzen, waschen und den Strunk herausschneiden. Den Kopf in grobe Stücke schneiden und in zwei Portionen im Mixtopf 15 Sek./Stufe 4 zerkleinern. Den Wirsing dann in den Gareinsatz geben. Die Zitrone heiß abwaschen, abtrocknen und die Schale abreiben. Mit Sahne, Milch, 2 Prisen Muskat, 1 TL Salz und Pfeffer in den Mixtopf geben. Den Gareinsatz einhängen und den Wirsing 25 Min./Varoma/Stufe 2 garen. Tritt dabei Flüssigkeit aus, kurz den Messbecher abnehmen.

4 Den Wirsing aus dem Gareinsatz nehmen, mit der Sahnesauce mischen und mit Salz und Pfeffer abschmecken. Den Putenbraten in Scheiben schneiden und mit dem Wirsing servieren. Dazu schmecken frische Gnocchi aus dem Kühlregal.

Statt einem großen Braten
können Sie auch zwei
300-g-Stücke braten.

Pochierte HÄHNCHENBRUST
mit Reisbällchen und Spitzkohl

FÜR 4 PERSONEN

Für die Reisbällchen:

150 g Reis

Salz

1 Ei (M)

50 g Mehl

25 g Mohn

Für Hähnchen und Kohl:

50 g Mandeln

40 g Rosinen

20 Kaffeebohnen

Salz | Pfeffer

2 Hähnchenbrustfilets (600 g)

500 g Spitzkohl

500 g Mandelmilch

½ TL gemahlene Vanille

frisch geriebene Tonkabohne

(ersatzweise gemahlene Vanille)

Außerdem:

Butter für den Varoma-Behälter

Zubereitung: 1 Std.

Pro Portion ca. 605 kcal,
46 g E, 25 g F, 48 g KH

1 Reis, 300 ml Wasser und ½ TL Salz in einem Topf aufkochen. Bei schwacher Hitze ca. 10 Min. köcheln und ausquellen lassen.

2 Inzwischen für das Hähnchen die Mandeln in einer Pfanne ohne Fett ca. 5 Min. rösten. Dann mit Rosinen, Kaffeebohnen, ½ TL Salz und ¼ TL Pfeffer im Mixtopf 10 Sek./Stufe 10 mahlen. Den Mixtopf ausspülen. Die Filets waschen, trocken tupfen und jeweils quer eine Tasche hineinschneiden. Den Mandelmix hineinfüllen und die Filets eng in Frischhaltefolie zu Rollen wickeln. Diese in Alufolie wickeln und in den Gareinsatz legen.

3 Für den Kohl Varoma-Behälter und Einlegeboden mit Butter einfetten. Kohl waschen, vierteln und den Strunk herausschneiden. Die Viertel in 5 mm breite Streifen schneiden und in den Varoma geben.

4 Für die Reisbällchen das Ei verquirlen. Mit dem Mehl unter den Reis mischen und aus der Masse mit feuchten Händen 16 tischtennisballgroße Bällchen formen. Den Mohn auf einen Teller streuen, die Bällchen darin wälzen und auf den Varoma-Einlegeboden legen. Über den Kohl setzen und verschließen.

5 Mandelmilch, Vanille, 1 Prise Tonkabohne und ½ TL Salz in den Mixtopf geben. Den Gareinsatz einhängen, den Varoma-Behälter daraufsetzen und alles 25 Min./Varoma/Stufe 1 garen. Danach den Varoma abnehmen, den Gareinsatz herausheben und die Sauce 5 Min./Varoma/Stufe 3 ohne Messbecher einköcheln lassen. Dann den Kohl 15 Sek./Linkslauf/Stufe 1 untermischen.

6 Das Fleisch auswickeln und in 2–3 cm breite Scheiben schneiden. Mit dem Kohl und den Reisbällchen auf vier Tellern anrichten.

Baguette mit
Würzbutter
gefüllt

Deftige
STEAKS
mit Baguette und Zwiebelsauce

FÜR 4 PERSONEN

Für das Baguette:
2 Knoblauchzehen
1 Bio-Orange
½ TL gemahlene Nelken
1 TL rosa Pfeffer (ersatzweise
schwarzer Pfeffer) | Salz
75 g Butter
1 Baguette

Für Sauce und Steaks:
2 rote Zwiebeln
50 g Butter
150 g trockener Rotwein
50 g Aceto balsamico
20 g Vollrohrzucker
Salz
4 Rindersteaks
grobes Meersalz

Für das Gemüse:
450 g Rosenkohl
30 g Butter
Salz | Pfeffer

Zubereitung: 1 Std. 5 Min.
Pro Portion ca. 835 kcal,
47 g E, 48 g F, 46 g KH

1 Für das Baguette den Knoblauch schälen. Die Orange heiß abwaschen, abtrocknen und die Schale abreiben. Knoblauch, Orangenschale, Nelken, Pfeffer, ½ TL Salz und Butter im Mixtopf 15 Sek./Stufe 5 verrühren. Das Baguette in 3 cm Abstand rautenförmig einschneiden und die Würzbutter in die Zwischenräume streichen. Den Mixtopf reinigen, den Backofen auf 200° vorheizen.

2 Für die Sauce die Zwiebeln schälen, halbieren und im Mixtopf 5 Sek./Stufe 5 hacken. Die Butter zugeben und 2 Min./Varoma/Stufe 1 dünsten. Wein, Essig, Zucker und ½ TL Salz zufügen und die Sauce 10 Min./Varoma/Stufe 1 ohne Messbecher einköcheln lassen. Dann 10 Sek./Stufe 10 bei geschlossenem Messbecher pürieren.

3 Für das Gemüse den Rosenkohl putzen und längs halbieren. Die Butter in einer Pfanne verstreichen und die Kohlröschen mit der Schnittfläche nach unten hineinsetzen. Knapp bis unter die Oberfläche Wasser zugießen und aufkochen, bis es verdunstet und die Butter karamellisiert ist. Dann umrühren und den Rosenkohl rundum rösten. Mit Salz und Pfeffer würzen.

4 Das Baguette wie ein Schiffchen in Backpapier einschlagen und auf dem Rost im Ofen (Mitte) 12–15 Min. backen.

5 Inzwischen die Steaks trocken tupfen. Eine Pfanne ohne Fett erhitzen und die Steaks darin bei starker Hitze pro Seite ca. 2 Min. scharf anbraten. In Alufolie wickeln, zum Baguette in den Ofen legen und in ca. 10 Min. gar ziehen lassen. Die Steaks mit Meersalz bestreuen und mit Sauce, Rosenkohl und Baguette servieren.

Popcorn-
LACHS
mit Essigtomaten

FÜR 4 PERSONEN

Für Popcorn und Lachs:
2 EL Öl
50 g Popcornmais
Salz
50 g Emmentaler
400 g Lachsfilet mit Haut
Für die Essigtomaten:
2 Frühlingszwiebeln
8 Blätter Salbei
50 g Soft-Cranberrys
400 g Cherry-Strauchtomaten
1 EL Olivenöl
1 EL Zucker
3 EL Essig
Salz | Pfeffer
Für das Püree:
300 g Sellerie
300 g Pastinaken
200 g Sahne
Salz | Pfeffer

Zubereitung: 50 Min.
Pro Portion ca. 635 kcal,
28 g E, 42 g F, 35 g KH

1 Für das Popcorn das Öl in einem Topf bei mittlerer Hitze erwärmen. Den Mais zugeben und zugedeckt unter gelegentlichem Schütteln aufpoppen lassen. Das Popcorn in eine Schüssel füllen und leicht salzen. Den Käse im Mixtopf 5 Sek./Stufe 6 zerkleinern, umfüllen. Den Backofengrill auf 200° vorheizen.

2 Für die Essigtomaten die Frühlingszwiebeln putzen, waschen und grob schneiden. Den Salbei waschen und trocken tupfen. Frühlingszwiebeln, Salbei und Cranberrys im Mixtopf 5 Sek./Stufe 5 zerkleinern. Umfüllen, den Mixtopf reinigen.

3 Für das Püree Sellerie und Pastinaken schälen, in grobe Stücke schneiden und im Mixtopf 5 Sek./Stufe 5 hacken. Sahne, 50 g Wasser und 1 TL Salz zugeben und 15 Min./100°/Stufe 1 kochen. Dann 1 Min./Stufe 10 pürieren, mit Salz und Pfeffer abschmecken.

4 Inzwischen für den Lachs das Filet waschen, trocken tupfen und in 4 Stücke teilen. Eine ofenfeste Pfanne mit Backpapier auslegen und die Stücke darin auf der Fleischseite ca. 2 Min. braten. Wenden und auf der Hautseite ca. 5 Min. braten, dabei den Käse darauf verteilen und leicht andrücken. Den Lachs in der Pfanne im Ofen (Mitte) in 5–8 Min. fertig garen.

5 Die Tomaten waschen und die Rispen in vier Stücke teilen. Das Öl in einer beschichteten Pfanne erhitzen und die Tomaten darin ca. 3 Min. scharf anbraten. Mit Zucker bestreuen und karamellisieren lassen. Mit Essig ablöschen, den Cranberrymix zufügen, den Herd ausschalten und die Tomaten kurz ziehen lassen. Mit Salz und Pfeffer abschmecken. Tomaten und Püree auf vier Tellern anrichten, den Lachs daraufsetzen und mit Popcorn belegen.

RINDERHÜFTE
mit Senfkruste und Maronenpüree

FÜR 4 PERSONEN
Für Püree und Möhren:
500 g mehligkochende Kartoffeln
800 g schlanke Möhren
Salz
200 g gegarte Maronen
(vakuumverpackt)
200 g Sahne
Pfeffer
20 g Butter
20 g Honig
Für das Fleisch:
2 EL Rapsöl
750 g Rinderhüfte am Stück
50 g Salzstangen
20 g Senf
20 g Honig
40 g Butter

Zubereitung: 1 Std. 15 Min.
Pro Portion ca. 880 kcal,
44 g E, 55 g F, 52 g KH

1 Für das Püree die Kartoffeln schälen, in mundgerechte Stücke schneiden und in den Gareinsatz füllen. Die Möhren schälen, in den Varoma-Behälter legen und verschließen.

2 Für das Fleisch den Backofen auf 150° vorheizen. Das Öl in einer ofenfesten Pfanne erhitzen und das Fleisch darin rundum ca. 5 Min. anbraten. Im Ofen (Mitte) 25–30 Min. weitergaren, bis das Fleisch eine Kerntemperatur von 65° hat. Inzwischen die Salzstangen im Mixtopf 20 Sek./Stufe 10 mahlen. Senf, Honig und 40 g Butter zugeben und 15 Sek./Teigstufe kneten. Die Senfmasse in eine Schale umfüllen, den Mixtopf reinigen.

3 500 g Wasser mit 1 TL Salz in den Mixtopf geben, den Gareinsatz einhängen, den Varoma daraufsetzen und das Gemüse 25 Min./Varoma/Stufe 1 dämpfen. Kartoffeln und Möhren herausnehmen, das Wasser ausgießen. Maronen, Sahne und ½ TL Salz im Mixtopf 10 Sek./Stufe 10 pürieren. Die Kartoffeln zufügen und 20 Sek./Stufe 5 mithilfe des Spatels pürieren. Mit Pfeffer abschmecken.

4 Den Backofen auf 230° Grillfunktion schalten. Die Senfmasse auf das Fleisch streichen und unter dem Grill (oben) in 8–10 Min. kross braten. Aus dem Ofen nehmen und kurz ruhen lassen.

5 Währenddessen 20 g Butter in einer Pfanne erhitzen und die Möhren mit dem Honig darin 3–4 Min. glasieren. Mit Salz und Pfeffer abschmecken. Das Fleisch in Scheiben schneiden und mit glasierten Möhren und Maronenpüree servieren.

Apfel- SCHWEINEBRATEN

mit Spinat-Quark-Nocken

FÜR 4 PERSONEN

Für die Nocken:
1 kleine Zwiebel
2 Knoblauchzehen
25 g Butter
125 g Babyspinat
250 g Quark (20 % Fett)
125 g Mascarpone
225 g Weizenmehl (Type 550)
Salz | Pfeffer

Für den Braten:
1 Bund Suppengemüse
2 EL Rapsöl
800 g Schweinenacken
½ Bund Thymian
750 g Cidre
100 g Sahne
Salz | Pfeffer
500 g säuerlich-süße Äpfel
(z. B. Braeburn)
10 g Butter

Zubereitung: 2 Std. 10 Min.
Pro Portion ca. 1 125 kcal,
52 g E, 68 g F, 62 g KH

1 Für die Nocken die Zwiebel schälen und halbieren, den Knoblauch schälen. Beides im Mixtopf 3 Sek./Stufe 5 hacken. Die Butter zugeben und 2 Min./Varoma/Stufe 1 dünsten. Den Spinat waschen, trocken schütteln, zufügen und 15 Sek./Stufe 6 zerkleinern. Dabei mit dem Spatel nach unten schieben. Quark, Mascarpone, Mehl, ¼ TL Salz und Pfeffer 30 Sek./Stufe 3 unterrühren. In eine Schüssel umfüllen und abgedeckt kühlen. Den Mixtopf reinigen.

2 Für den Braten das Gemüse waschen bzw. schälen und grob zerschneiden. Im Mixtopf 5 Sek./Stufe 5 zerkleinern. Das Öl in einer Pfanne erhitzen und das Fleisch darin rundum ca. 5 Min. scharf anbraten. In den Gareinsatz legen. Das Gemüse ca. 5 Min. in der Pfanne anbraten. Thymian waschen und trocken schütteln. Mit Gemüse und Cidre in den Mixtopf geben, den Gareinsatz einhängen und das Fleisch 1 Std. 30 Min./100°/Stufe 1 garen. Dabei alle 30 Min. wenden.

3 Danach das Fleisch herausnehmen, in Alufolie wickeln und im Ofen bei 100° warm halten. Die Sauce durch ein Sieb streichen, den Mixtopf ausspülen. Sauce und Sahne hineingießen und 15 Min./100°/Stufe 1 ohne Messbecher einkochen lassen. Mit Salz und Pfeffer abschmecken.

4 Inzwischen von der Quarkmasse walnussgroße Nocken abstechen und portionsweise in siedendem Salzwasser in ca. 5 Min. gar ziehen lassen. Herausheben und abtropfen lassen.

5 Die Äpfel schälen, vierteln, entkernen und in Spalten schneiden. Die Butter in einer Pfanne erhitzen und die Äpfel darin bei mittlerer Hitze ca. 10 Min. braten, leicht salzen. Den Braten in Scheiben schneiden und mit Äpfel, Sauce und den Nocken servieren.

FESTTAGSDESSERTS
mit den Aromen des Winters

VANILLE-SCHICHTDESSERT
FÜR 4 PERSONEN

100 g Cantuccini im Mixtopf 3 Sek./Stufe 7 zerkleinern, in vier Dessertgläser verteilen. Rühraufsatz einsetzen und 150 g Sahne 2–3 Min./Stufe 3 steif schlagen. In einer Schüssel 150 g Quark (20 % Fett), 2 EL Agavendicksaft und ½ TL gemahlene Vanille verrühren. Die Schlagsahne unterheben, die Creme auf die Cantuccini geben und kühlen. Mixtopf reinigen. Kurz vor dem Servieren 75 g TK-Himbeeren 2 Sek./Stufe 10 zerkleinern und auf die Creme streuen.

Zubereitung: 12 Min.
Pro Portion ca. 295 kcal, 9 g E, 19 g F, 21 g KH

MARONEN-SCHOKO-CREME
FÜR 4 PERSONEN

200 g Sahne im Mixtopf mit Rühraufsatz 2–3 Min./Stufe 3 steif schlagen. Umfüllen, Mixtopf reinigen. 150 g Zartbitterschokolade (50 % Kakao) zerbrechen und mit 50 g gegarten Maronen 10 Sek./Stufe 10 hacken. 3 Eier (M), 40 g Portwein und 2 Msp. gemahlene Vanille zugeben und 5 Min./50°/Stufe 4 erhitzen. 40 g Butterflocken 15 Sek./Stufe 3 einrühren, umfüllen und ca. 5 Min. abkühlen lassen. Sahne unterheben und mit 50 g Zartbitterschokospänen bestreuen.

Zubereitung: 25 Min.
Pro Portion ca. 595 kcal, 11 g E, 49 g F, 24 g KH

LEBKUCHEN-PANNACOTTA
FÜR 4 PERSONEN

2 Blatt Gelatine einweichen. 250 g Sahne, 1 TL Lebkuchengewürz und 75 g Zucker im Mixtopf 7 Min./90°/Stufe 2 erhitzen. Ausgedrückte Gelatine 1 Min./Stufe 2 einrühren, in 4 80-ml-Sturzgläser füllen und ca. 5 Std. kühlen. 1 Blutorange auspressen, 2 Blutorangen filetieren, Saft auffangen. 1 EL Saft mit 1 TL Speisestärke verquirlen. Mit dem übrigen Saft im Mixtopf 5 Sek./Stufe 6 verrühren und 2 Min./100°/Stufe 1 köcheln. Filets, Sauce und Pannacotta anrichten.

Zubereitung: 25 Min. + 5 Std. Kühlen
Pro Portion ca. 315 kcal, 3 g E, 20 g F, 32 g KH

GEBRANNTE-MANDEL-CREME
FÜR 4 PERSONEN

3 Blatt Gelatine einweichen. 2 Orangen filetieren, Saft auffangen. 50 g gebrannte Mandeln (siehe S. 180) im Mixtopf 5 Sek./Stufe 10 mahlen, umfüllen. 200 g Sahne im Mixtopf mit Rühraufsatz 2–3 Min./Stufe 3 steif schlagen, umfüllen. 250 g Quark, 70 g Saft und Mandeln 30 Sek./Stufe 1 verrühren. 30 g Saft und ausgedrückte Gelatine erwärmen, die Creme in Portionen unterrühren. Sahne unterheben und ca. 3 Std. kühlen. Nocken abstechen, mit den Filets anrichten.

Zubereitung: 15 Min. + 3 Std. Kühlen
Pro Portion ca. 350 kcal, 13 g E, 23 g F, 21 g KH

Schokospäne oder gebrannte Mandeln (siehe S. 180) sind die perfekte Deko für Ihre Desserts – und echt schnell gemacht: Einfach mit einem Sparschäler Späne von einer Schokoladentafel abziehen oder die Mandeln im Mixtopf 3 Sek./Stufe 5 hacken.

Mini-
APFELSTRUDEL
mit Marzipansauce

FÜR 4 PERSONEN

350 g säuerliche Äpfel (z. B. Boskop) | 25 g Mandeln |
20 g Rosinen | ½ TL Zimtpulver | ½ TL gemahlene
Vanille | 10 g Rum | 25 g Butter | 2 Platten gezogener
Strudelteig (120 g, aus dem Kühlregal) | 1 Eigelb (M) |
50 g Marzipanrohmasse | 175 g Mandelmilch |
1 TL Speisestärke

Zubereitung: 45 Min.

Pro Portion ca. 305 kcal, 7 g E, 15 g F, 32 g KH

1 Die Äpfel schälen, vierteln und entkernen. Die
Viertel nochmals halbieren. Die Mandeln im Mixtopf
4 Sek./Stufe 4 hacken. Äpfel, Rosinen, Zimt, ¼ TL Vanille und Rum zugeben und 8 Min./100°/Stufe 1 köcheln lassen. Umfüllen, den Mixtopf reinigen.

2 Den Backofen auf 190° vorheizen, ein Backblech
mit Backpapier belegen. Butter im Mixtopf 1 Min./60°/
Sanftrührstufe schmelzen. Eine Strudelplatte mit Butter bestreichen, die zweite Platte auflegen und vierteln.

3 Je ein Viertel Apfelmasse auf das untere Ende der
schmalen Seite geben. Die Ränder nach innen klappen
und die Strudel von unten her aufrollen. Mit Eigelb
bestreichen, mit der Naht nach unten auf das Blech
legen und im Ofen (Mitte) ca. 20 Min. backen.

4 Für die Sauce Marzipan vierteln und im Mixtopf
2 Sek./Stufe 10 zerkleinern. 150 g Mandelmilch zugießen und 4 Min./100°/Stufe 4 erhitzen. Inzwischen
25 g Mandelmilch, Stärke und ¼ TL Vanille verquirlen
und nach 2 Min. über die Deckelöffnung zugeben. Die
Apfelstrudel mit der Sauce servieren.

GRIESSFLAMMERI
mit Beerenkompott

FÜR 4 PERSONEN

1 Bio-Zitrone | 2 Eier (M) | 100 g Zucker | 1 Spritzer
Zitronensaft | 500 g Milch | 50 g Dinkelgrieß
(ersatzweise Weichweizengrieß) | 1 EL Puderzucker |
150 g gemischte TK-Beeren | 1 TL Speisestärke
Zubereitung: 25 Min.
Pro Portion ca. 300 kcal, 9 g E, 8 g F, 50 g KH

1 Die Zitrone heiß abwaschen, abtrocknen und die
Schale abreiben. Die Eier trennen. Den Rühraufsatz in
den Mixtopf einsetzen und die Eiweiße mit 25 g Zucker und Zitronensaft darin 2,5 Min./Stufe 4 schaumig
schlagen. Den Eischnee umfüllen und kühl stellen,
den Mixtopf reinigen.

2 Milch und Zitronenschale in den Mixtopf geben
und 4 Min./100°/Stufe 1 aufkochen. Den Grieß mit
50 g Zucker mischen, einstreuen und 4 Min./100°/
Stufe 2 köcheln lassen. Die Eigelbe 1 Min./Stufe 2 unterrühren. Den Eischnee mit dem Spatel vorsichtig
unterheben und die Masse in vier Portionsschalen
füllen. Sofort mit dem Puderzucker bestäuben, damit
sich keine Haut bildet. Abkühlen lassen, dann in den
Kühlschrank stellen.

3 Den Mixtopf reinigen. Die Beeren und 25 g Zucker
hineingeben und 4 Min./100°/Linkslauf/Sanftrühr-
stufe garen. Die Stärke mit 1 EL Wasser verquirlen, zu
den Beeren gießen und 1 Min./100°/Linkslauf/Sanft-
rührstufe unterrühren. Die Grießflammeri mit dem
Beerenkompott servieren.

LEBKUCHEN-
eis

Statt Likör können Sie 30 g Limetten-saft oder Wasser verwenden.

Matcha-
TEARAMISU

FÜR 4 PERSONEN

4 Eier (M) | 400 g Sahne | 100 g Agavendicksaft |
1 TL gemahlene Vanille | 200 g Joghurt | 120 g gefüllte
Lebkuchenherzen | Eiswürfelformen

Zubereitung: 15 Min. + 8 Std. Tiefkühlen

Pro Portion ca. 550 kcal, 12 g E, 40 g F, 35 g KH

FÜR 4 PERSONEN

1 Limette | 2 TL Matchapulver | 1 EL Puderzucker |
30 g Zitronenlikör (z. B. Limoncello) | 125 g Zucker |
2 Eigelb (M) | 250 g Mascarpone | 150 g Crème fraîche |
125 g Amarettini | 1 EL Granatapfelkerne

Zubereitung: 15 Min. + 8 Std. Kühlen

Pro Portion ca. 475 kcal, 4 g E, 19 g F, 42 g KH

1 Den Rühraufsatz in den Mixtopf einsetzen. Die Eier trennen und die Eiweiße im Mixtopf 2,5 Min./Stufe 4 schaumig schlagen. Den Eischnee in eine Schale füllen und kühlen. Die Sahne in den Mixtopf geben und 1,5–2 Min./Stufe 3 steif schlagen. Umfüllen und kühlen.

2 Den Rühraufsatz herausnehmen. Eigelbe, Agavendicksaft und Vanille im Mixtopf 5 Min./50°/Stufe 4 verrühren. Den Joghurt 10 Sek./Stufe 2 untermischen. Eischnee und Schlagsahne unterheben, die Masse in die Eiswürfelformen füllen und mindestens 8 Std. oder über Nacht tiefkühlen. Den Mixtopf reinigen.

3 Die Lebkuchenherzen im Mixtopf 2 Sek./Stufe 5 zerkleinern, umfüllen. Die Eiswürfel zugeben und 20 Sek./Stufe 8 zerkleinern. Die Lebkuchenbrösel 10 Sek./Linkslauf/Sanftrührstufe unterheben und das Eis sofort servieren.

1 Die Limette auspressen. Den Saft mit 1 ½ TL Matchapulver, Puderzucker, Likör und 30 g Wasser im Mixtopf 10 Sek./Stufe 3 verrühren. In ein Schälchen umfüllen, den Mixtopf reinigen. Zucker und Eigelbe im Mixtopf 3 Min./ Stufe 4 vermischen. Mascarpone und Crème fraîche zugeben und 10 Sek./Stufe 2 unterheben.

2 Eine rechteckige Form (17 × 26 cm) mit der Hälfte der Amarettini auslegen. Mit der Hälfte der Matcha-Mischung beträufeln und die Hälfte der Mascarponecreme daraufgeben. Nochmals wiederholen, die Form mit Frischhaltefolie abdecken und ca. 8 Std. oder über Nacht kühlen.

3 Aus Papier eine Tannenbaumschablone ausschneiden. Mit dem restlichen Matchapulver einen Weihnachtsbaum auf das Tearamisu stäuben und die Granatapfelkerne als Kugeln »daranhängen«.

Kokos-
REIS-DESSERT
mit Mango

FÜR 4 PERSONEN

75 g Klebreis (Sticky Rice aus dem Asia-Laden,
ersatzweise Basmati-Reis) | 200 g Kokosmilch |
30 g Zucker | Salz | 35 g geröstete, gesalzene
Macadamianüsse | 60 g Mango

Zubereitung: 20 Min. + 2 Std. Quellen
+ 20 Min. Ruhen

Pro Portion ca. 265 kcal, 4 g E, 17 g F, 25 g KH

1 Den Reis mit 500 g Wasser in einer Schüssel mischen und abgedeckt ca. 2 Std. quellen lassen. Danach den Gareinsatz in den Mixtopf einhängen und den Reis samt Wasser hineingeben, sodass das Wasser in den Mixtopf läuft. Den Reis 10 Min./100°/Stufe 1 garen.

2 Das Wasser aus dem Mixtopf abgießen und den Reis in den Mixtopf geben. Kokosmilch, Zucker und 2 kräftige Prisen Salz zufügen und den Reis 3 Min./70°/Linkslauf/Sanftrührstufe erhitzen. Den Reis dann auf vier Dessertgläser verteilen und abgedeckt ca. 20 Min. ruhen lassen.

3 Den Mixtopf säubern und die Macadamianüsse darin 2 Sek./Stufe 8 zerkleinern. Herausnehmen und eventuell verbliebene grobe Stücke von Hand hacken.

4 Die Mango schälen, das Fruchtfleisch vom Stein lösen und in grobe Stücke schneiden. Das Fruchtfleisch im Mixtopf 2 Sek./Stufe 4 zerkleinern. Die Mango über den Reis geben und bis zum Servieren kühlen. Mit den Macadamianüssen bestreut servieren.

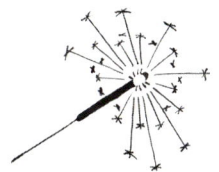

MENÜPLANER
für die Festtagsküche

Für Geflügelfans

1

42

63

81

Lauwarmer
Rotkohlsalat

+

Entenbrust mit Win-
tergemüse

+

Kokos-Reis-Dessert
mit Mango

Alles Fisch

2

48

50

46

Chai-gebeizter Lachs

+

Radicchio-Risotto mit
Kabeljau

+

Lebkuchen-
Pannacotta

Für Fleischliebhaber

3

45

58

76

Sellerie-Orangen-Suppe
mit Lachs

+

Winterliche Rouladen
mit Apfel und Speck

+

Maronen-Schoko-
Creme

Wählen Sie Ihr
Lieblingsmenü

Vegetarisches Menü

4

43

+

52

+

79

Rote-Bete-Salat mit
Mandelcrunch

Steinpilz-Polenta mit
Wintergemüse

Grießflammeri mit
Beerenkompott

Gut vorzubereiten

5

46

+

57

+

80

Crêpes-Röllchen mit
Feta und Schinken

Würstchen mit
Kartoffelsalat

Matcha-Tearamisu

6

5-Gänge-Galamenü

42

+

47

+

66

+

76

+

179

Grünkohl-Rosen-
kohl-Salat

Lamm-Crostini
mit Hack

Pochierte Hähnchen-
brust mit Reisbällchen

Vanille-Schichtdessert

Schoko-Himbeer-
Pralinen

Geliebtes
GEBÄCK
für Groß & Klein

No Bake
MARSHMALLOW-
Ecken

**FÜR 1 QUADRATISCHE BACKFORM
(25 × 25 CM, CA. 25 STÜCK)**

Für den Boden:

250 g Butterkekse mit Vollmilchschokolade
150 g Butter

Für den Belag:

280 g Marshmallows (weiß und
rosa gemischt)
400 g Vollmilchschokolade
30 g Kokosraspel
50 g geröstete, gesalzene
Erdnüsse
200 g weiße Schokolade

Zubereitung: 45 Min.
+ 5 Std. Kühlen
Pro Stück ca. 280 kcal,
3 g E, 16 g F, 30 g KH

1 Die Form mit Backpapier auslegen (siehe Tipp). Für den Boden die Kekse im Mixtopf 10 Sek./Stufe 8 mahlen und in eine Schale umfüllen. Die Butter in den Mixtopf geben und 2 Min./100°/Stufe 1 schmelzen. Die Keksbrösel zugeben und 10 Sek./Stufe 2 unter-mischen. Die Bröselmasse in die Form füllen, glatt streichen und ca. 1 Std. kühlen. Den Mixtopf reinigen und trocknen.

2 In der Zwischenzeit für den Belag die Marshmallows in Würfel (1,5 × 1,5 cm) schneiden. Die Vollmilchschokolade in Stücke bre-chen, in den Mixtopf geben und 15 Sek./Stufe 8 hacken. Dann in 3 Min./50°/Stufe 2 schmelzen. Kokosraspel und Erdnüsse zugeben und alles 3 Min./Stufe 1 verrühren. Die Marshmallowwürfel zufügen und 1 Min./Stufe 2 unterrühren. Die Marshmallowmasse auf den Boden in die Form geben, glatt streichen und wieder ca. 1 Std. küh-len. Den Mixtopf reinigen.

3 Die weiße Schokolade in Stücke brechen, im Mixtopf 15 Sek./Stufe 8 hacken und in 5 Min./50°/Stufe 2 schmelzen. Die flüssige Schokolade gleichmäßig auf der Marshmallowmasse verteilen. Den Kuchen nochmals mindestens 3 Std. kühlen.

4 Danach den Kuchen mit dem Backpapier aus der Form heben und auf einem Schneidebrett in 5 × 5 cm große Stücke schneiden.

TIPP

Die Backform lässt sich am besten auslegen, wenn Sie das Back-papier vorher kräftig zusammenknüllen und wieder auseinander-ziehen. Das Papier dann in die Form legen, schön in die Ecken drücken und über den Rand falzen.

ZIMTSTERNE
mit Mandeln

FÜR CA. 45 STÜCK

400 g Zucker | 500 g Mandeln | 2 TL Zimtpulver |
10 g Honig | 10 g Zitronensaft | 3 Eiweiß (M) |
Stern-Ausstecher (5 cm)

Zubereitung: 35 Min. + 24 Min. Backen

Pro Stück ca. 105 kcal, 3 g E, 6 g F, 10 g KH

1 Den Backofen auf 170° vorheizen, zwei Backbleche mit Backpapier belegen. Den Zucker im Mixtopf 15 Sek./Stufe 10 pulverisieren und umfüllen.

2 Die Mandeln in den Mixtopf geben und 15 Sek./Stufe 10 mahlen. Zimt und 300 g Puderzucker zufügen und alles 10 Sek./Stufe 8 vermischen. Honig und Zitronensaft einwiegen, 2 Eiweiße zugeben und alles 10 Sek./Stufe 5 verrühren. Die Masse in eine große Rührschüssel umfüllen und mit den Händen zu einem geschmeidigen Teig verkneten. Den Mixtopf gründlich reinigen und trocknen.

3 Den Teig in drei Portionen teilen und jede Portion zwischen zwei Bögen Backpapier ca. 1 cm dick ausrollen. Sterne ausstechen und auf die Bleche legen.

4 Für den Guss 100 g Puderzucker und das restliche Eiweiß in den Mixtopf geben und 3 Min./Stufe 4 hellcremig rühren. Die Sterne gleichmäßig mit dem Zuckerguss bestreichen und nacheinander im Ofen (unten) ca. 12 Min. backen. Aus dem Ofen nehmen, vorsichtig mit dem Backpapier vom Blech ziehen und auf einem Kuchengitter ganz auskühlen lassen.

Mit Bändchen werden die Kringel zum dekorativen Christbaumschmuck.

Nussige
KROKANTKRINGEL

FÜR CA. 30 STÜCK

150 g Haselnusskerne | 175 g weiche Butter |
100 g Zucker | 1 Pck. Vanillezucker | 200 g Mehl |
100 g Schmand | 1 TL Zimtpulver | Salz |
100 g Vollmilchschokolade | 50 g Krokant | Mehl für
die Arbeitsfläche | gezackter Ausstecher (6 cm ∅) |
runder Ausstecher (2 cm ∅)

Zubereitung: 40 Min. + 2 Std. Kühlen
+ 20 Min. Backen

Pro Stück ca. 135 kcal, 2 g E, 10 g F, 10 g KH

1 Die Nüsse im Mixtopf 15 Sek./Stufe 7 mahlen. Butter, Zucker, Vanillezucker, Mehl, Schmand, Zimt und 1 Prise Salz 15 Sek./Stufe 4 verrühren. Den Teig auf der Arbeitsfläche zu einer Kugel formen, in Frischhaltefolie wickeln und ca. 2 Std. kühlen. Mixtopf reinigen.

2 Den Backofen auf 200° vorheizen, zwei Backbleche mit Backpapier belegen. Den Teig dritteln und auf der bemehlten Arbeitsfläche ca. 5 mm dick ausrollen. Mit dem gezackten Ausstecher Kreise ausstechen, dann mit dem runden Ausstecher mittig ein Loch ausstechen. Teigreste verkneten und erneut ausrollen.

3 Die Kringel auf die Bleche legen und im Ofen (Mitte) je ca. 10 Min. backen. Mit dem Papier vom Blech ziehen und auf einem Kuchengitter abkühlen lassen.

4 Die Schokolade in Stücke brechen, im Mixtopf 10 Sek./Stufe 8 hacken und in 5 Min./50°/Stufe 2 schmelzen. Den Krokant in einen tiefen Teller geben. Die Kringel zur Hälfte in die Kuvertüre tauchen, dann im Krokant wenden. Auf Backpapier trocknen lassen.

Fruchtige
ORANGEN-
stangen

FÜR CA. 40 STÜCK

Für den Teig:
1 Bio-Orange
50 g Zucker
50 g Orangeat
120 g kalte Butter
15 g Vanillezucker
1 Eigelb (M)
200 g Mehl

Für den Guss:
½ Bio-Orange
120 g Zucker
1 Eiweiß (M)

Außerdem:
Mehl für die Arbeitsfläche

Zubereitung: 35 Min.
+ 30 Min. Kühlen
+ 30 Min. Backen
Pro Stück ca. 65 kcal,
1 g E, 3 g F, 9 g KH

1 Für den Mürbeteig die Orange heiß abwaschen, abtrocknen und die Schale mit einem Zestenreißer oder Messer hauchdünn abziehen. Die Orangenschale in den Mixtopf geben und 4 Sek./Stufe 8 zerkleinern. Mit dem Spatel nach unten schieben.

2 Den Zucker zugeben, 10 Sek./Stufe 10 pulverisieren und mit dem Spatel nach unten schieben. Das Orangeat einwiegen und 10 Sek./Stufe 10 zerkleinern. Die Butter in kleine Stücke schneiden, mit Vanillezucker und Eigelb zugeben und alles 1 Min./Stufe 4 vermischen. Das Mehl zugeben und 20 Sek./Stufe 4 zu einem Teig verrühren. Den Teig auf der Arbeitsfläche zu einer Kugel formen, in Frischhaltefolie wickeln und ca. 30 Min. kühlen. Den Mixtopf reinigen.

3 Für den Guss die Orange heiß abwaschen, abtrocknen und die Schale hauchdünn abziehen. Die Orangenschale im Mixtopf 4 Sek./Stufe 8 zerkleinern und mit dem Spatel nach unten schieben. Den Zucker einwiegen, 10 Sek./Stufe 10 zerkleinern und nach unten schieben. Den Rühraufsatz einsetzen, das Eiweiß zufügen und alles in 4 Min./Stufe 4 cremig rühren.

4 Den Backofen auf 160° vorheizen, zwei Backbleche mit Backpapier belegen. Den Teig auf der bemehlten Arbeitsfläche ca. 4 mm dick zu einem Rechteck (20 × 28 cm) ausrollen. In Streifen (2 × 7 cm) schneiden, diese auf den Blechen verteilen und mit dem Orangenguss bestreichen. Nacheinander im Ofen (Mitte) ca. 15 Min. backen. Herausnehmen und auf den Blechen abkühlen lassen.

Vanille-
KIPFERL

Puderzucker auf der Arbeitsfläche und den Handflächen hilft beim Formen.

Mandel-
HÖRNCHEN

FÜR CA. 40 STÜCK

75 g Mandeln | 75 g Zucker | 1 Vanilleschote | 125 g Butter |
Salz | 1 Eigelb (M) | 150 g Mehl | 50 g Puderzucker |
50 g Vanillezucker | Mehl für die Arbeitsfläche
Zubereitung: 40 Min. +30 Min. Kühlen + 36 Min. Backen
Pro Stück ca. 70 kcal, 1 g E, 4 g F, 7 g KH

1 Die Mandeln im Mixtopf 10 Sek./Stufe 7 mahlen, umfüllen. Den Zucker im Mixtopf 10 Sek./Stufe 10 pulverisieren. Die Vanilleschote aufschneiden und das Mark herausschaben. Mit Butter, 1 Prise Salz und Eigelb in den Mixtopf geben und 20 Sek./Stufe 3 verrühren. Mehl und Mandeln zugeben und alles 30 Sek./Teigstufe verkneten. Den Teig mit den Händen auf der bemehlten Arbeitsfläche kurz durchkneten. Dann in drei Portionen teilen, zu Rollen (3 cm ⌀) formen, in Frischhaltefolie wickeln und ca. 30 Min. kühlen.

2 Den Backofen auf 160° vorheizen, zwei Backbleche mit Backpapier belegen. Die Rollen in ca. 1 cm dicke Scheiben schneiden und zwischen den Handflächen zu 4–5 cm langen Röllchen mit spitzen Enden formen. Auf den Blechen zu Hörnchen legen und im Ofen (Mitte) je 15–18 Min. backen. Mit dem Papier vom Blech ziehen und auf einem Kuchengitter kurz abkühlen lassen. Puder- und Vanillezucker mischen und die warmen Kipferl darin wenden.

FÜR CA. 30 STÜCK

100 g Mandeln | 100 g Zucker | 200 g Marzipanrohmasse |
10 g Zitronensaft | 2 Eiweiß (M) | 100 g Mandelblättchen |
100 g Zartbitterschokolade (50 % Kakao)
Zubereitung: 40 Min. + 30 Min. Backen
Pro Stück ca. 105 kcal, 3 g E, 7 g F, 7 g KH

1 Den Backofen auf 190° vorheizen, zwei Backbleche mit Backpapier belegen. Die Mandeln im Mixtopf 8 Sek./Stufe 7 mahlen, umfüllen. Den Zucker im Mixtopf 10 Sek./Stufe 10 pulverisieren. Mandeln, Marzipan, Zitronensaft und 1 Eiweiß 15 Sek./Stufe 6 unterkneten.

2 Den Teig auf der Arbeitsfläche zu einer Rolle (3 cm ⌀) formen und in 1,5 cm dicke Scheiben schneiden. Diese zwischen den Handflächen zu 5–6 cm langen Röllchen, dann zu Hörnchen formen. Die Hörnchen mit dem restlichen Eiweiß bestreichen, in den Mandelblättchen wälzen und auf die Bleche legen. Im Ofen (Mitte) in je 12–15 Min. goldbraun backen. Auf einem Kuchengitter auskühlen lassen.

3 Die Schokolade in Stücke brechen, im Mixtopf 8 Sek./Stufe 8 hacken, dann in 5 Min./50°/Stufe 2 schmelzen. Die Enden der Hörnchen in die flüssige Schokolade tauchen und auf Backpapier trocknen lassen.

SCHOKOKIPFERL
mit Zebrastreifen

FÜR CA. 55 STÜCK

100 g Mandeln | 100 g Zucker | 180 g Mehl |
60 g Kakaopulver | Salz | 150 g kalte Butter |
2 Eigelb (M) | 100 g weiße Schokoladenglasur
(Fertigprodukt) | Mehl für die Arbeitsfläche

Zubereitung: 45 Min. + 1 Std. Kühlen
+ 24 Min. Backen

Pro Stück ca. 70 kcal, 1 g E, 4 g F, 6 g KH

1 Die Mandeln im Mixtopf 15 Sek./Stufe 7 mahlen, umfüllen. Den Zucker im Mixtopf 10 Sek./Stufe 10 pulverisieren. Mehl, Kakaopulver, 1 Prise Salz und die Mandeln zugeben und 10 Sek./Stufe 4 untermischen.

2 Die Butter in kleine Stücke schneiden. Butterstückchen und Eigelbe in den Mixtopf geben und alles 40 Sek./Stufe 4 zu einem Teig verrühren. Den Teig auf der bemehlten Arbeitsfläche mit den Händen nochmals kurz durchkneten und in vier Portionen teilen. Diese zu Rollen (3 cm ∅) formen, in Frischhaltefolie wickeln und ca. 1 Std. kühlen.

3 Danach den Backofen auf 180° vorheizen, zwei Backbleche mit Backpapier belegen. Die Teigrollen in ca. 1 cm dicke Scheiben schneiden.

4 Die Scheiben zwischen den Handflächen zu fingerdicken, 4–5 cm langen Röllchen mit spitz zulaufenden Enden formen. Die Röllchen dann auf den Blechen zu Hörnchen legen und nacheinander im Ofen (Mitte) je 10–12 Min. backen. Herausnehmen, mit dem Papier vom Blech ziehen und die Hörnchen auf einem Kuchengitter ganz auskühlen lassen.

5 Die Schokoladenglasur nach Packungsangabe schmelzen. Die geschmolzene Schokolade mit einem Teelöffel in Streifen über die Schokokipferl träufeln und trocknen lassen.

Kokos-
PROFITEROLES
mit cremiger Füllung

FÜR 25 STÜCK

Für die Creme:

70 g Kokosraspel

40 g Zucker

70 g weiße Schokolade

30 g Butter

70 g Sahne

Für den Teig:

150 g Kokosmilch

70 g Butter

10 g Zucker

Salz

120 g Mehl

3 Eier (M)

½ TL Backpulver

Außerdem:

Spritzbeutel mit mittelgroßer Sterntülle

Spritzbeutel mit kleiner Lochtülle

Puderzucker zum Bestäuben

Zubereitung: 45 Min.

+ 2 Std. Kühlen

+ 20 Min. Backen

Pro Stück ca. 120 kcal,

2 g E, 9 g F, 8 g KH

1 Für die Kokoscreme Kokosraspel und Zucker im Mixtopf 30 Sek./Stufe 10 fein mahlen. Die Schokolade in Stücke brechen, zugeben und 7 Sek./Stufe 7 hacken. Butter und Sahne einwiegen und 5 Min./50°/Stufe 3 schmelzen. Die Masse danach 10 Sek./Stufe 6 cremig mixen, in eine Schüssel füllen und mindestens 2 Std. kühlen.

2 Für den Brandteig Kokosmilch, Butter, Zucker und 1 Prise Salz in den Mixtopf geben und 5 Min./100°/Stufe 1 kochen. Das Mehl zufügen und 20 Sek./Stufe 4 untermischen. Den Mixtopf aus dem Gerät nehmen und 10 Min. abkühlen lassen.

3 Inzwischen den Backofen auf 200° (Umluft nicht empfehlenswert) vorheizen, ein Backblech mit Backpapier belegen. Den Mixtopf zurück auf das Gerät stellen und auf Stufe 5 ohne Zeitvorgabe laufen lassen. Nacheinander 2 Eier auf das laufende Messer geben und jeweils vollständig einrühren. Das letzte Ei zusammen mit dem Backpulver 30 Sek./Stufe 5 unterrühren.

4 Den Teig in den Spritzbeutel mit Sterntülle füllen und 25 gut walnussgroße Tupfen auf das Blech spritzen. Die Tupfen im Ofen (Mitte) in 20–25 Min. goldbraun backen. Den Ofen ausschalten, die Tür öffnen und die Profiteroles noch ca. 5 Min. ruhen lassen. Dann aus dem Ofen nehmen und auf einem Kuchengitter auskühlen lassen.

5 Die Kokoscreme in den Spritzbeutel mit Lochtülle füllen. Mit der Spitze vorsichtig ein Loch in den Boden der Profiteroles stoßen und etwas Creme hineinspritzen. Mit Puderzucker bestäuben.

Mini-
NUSSHÖRNCHEN

FÜR 64 STÜCK

80 g Haselnusskerne | 200 g weiche Butter |
200 g Doppelrahm-Frischkäse |
300 g Mehl | 160 g Rohrohrzucker
Zubereitung: 30 Min. + 3 Std. Kühlen + 40 Min. Backen
Pro Stück ca. 65 kcal, 1 g E, 4 g F, 6 g KH

1 Die Nüsse im Mixtopf 10 Sek./Stufe 8 mahlen und umfüllen. Butter, Frischkäse und Mehl in den Mixtopf geben und 3 Min./Teigstufe verkneten. Den Teig auf der Arbeitsfläche zu einer Kugel formen, in Frischhaltefolie wickeln und mindestens 3 Std. oder über Nacht kühlen.

2 Den Backofen auf 180° vorheizen, zwei Backbleche mit Backpapier belegen. Nüsse und Zucker mischen. Den Teig vierteln und zu Kugeln formen. Ein Viertel vom Nusszucker auf die Arbeitsfläche streuen und eine Kugel darauf zu einem Kreis (26 cm ⌀) ausrollen. Den Kreis wie eine Torte in 16 Dreiecke schneiden. Diese von der breiten Seite her aufrollen und mit der Spitze nach unten auf das Blech legen. Mit dem restlichen Teig wiederholen.

3 Die Hörnchen nacheinander im Ofen (Mitte) ca. 20 Min. backen. Mit dem Papier vom Blech ziehen und auf einem Kuchengitter abkühlen lassen.

Mandel-Ingwer-
HAPPEN

FÜR 1 RECHTECKIGE BACKFORM (25 × 30 CM, CA. 45 STÜCK)

150 g Mandeln | 50 g kandierter Ingwer | 250 g Butter |
200 g Rohrohrzucker | 60 g Ahornsirup | 150 g feine
Haferflocken | 1 TL Zimtpulver | 1 TL gemahlener Kardamom |
80 g Zartbitterschokolade (50 % Kakao)
Zubereitung: 35 Min. + 15 Min. Backen
Pro Stück ca. 110 kcal, 1 g E, 7 g F, 9 g KH

1 Den Backofen auf 180° vorheizen, die Form mit Backpapier auslegen. Die Mandeln im Mixtopf 6 Sek./Stufe 7 mahlen und umfüllen. Dann den Ingwer im Mixtopf 8 Sek./Stufe 8 hacken. Butter, Zucker und Ahornsirup zugeben und 3 Min./50°/Stufe 2 schmelzen. Haferflocken, Zimt, Kardamom und die Mandeln 1 Min./Stufe 2 unterrühren.

2 Die Masse in die Form füllen und glatt streichen. Im Ofen (Mitte) ca. 15 Min. backen. Herausnehmen und auf einem Kuchengitter ganz auskühlen lassen. Danach mit dem Backpapier aus der Form heben und in ca. 4 × 4 cm große Quadrate schneiden.

3 Die Schokolade in Stücke brechen, im Mixtopf 8 Sek./Stufe 8 hacken, dann 5 Min./50°/Stufe 2 schmelzen. Die geschmolzene Schokolade mit einem Teelöffel in Streifen über die Mandel-Ingwer-Happen träufeln und trocknen lassen.

Mohn-
KRINGEL

FÜR CA. 30 STÜCK

100 g Mohn | 175 g weiche Butter | 100 g Zucker |
1 Pck. Vanillezucker | Salz | 1 Ei (M) |
250 g Mehl | 20 g Milch | 1 EL Puderzucker |
Spritzbeutel mit mittelgroßer Sterntülle
Zubereitung: 30 Min. + 30 Min. Kühlen + 28 Min. Backen
Pro Stück ca. 110 kcal, 2 g E, 7 g F, 10 g KH

1 Zwei Backbleche mit Backpapier belegen. Den Mohn im Mixtopf 15 Sek./Stufe 10 fein mahlen und umfüllen. Butter, Zucker, Vanillezucker und 1 Prise Salz in den Mixtopf geben und 4 Min./Stufe 4 cremig rühren. Das Ei zugeben und 1 Min./Stufe 3 unterrühren. Mehl und Mohn mischen, in den Mixtopf geben und 4 Min./Stufe 3 unterrühren. Dabei die Milch durch die Deckelöffnung dazugießen.

2 Den Teig in den Spritzbeutel füllen und ca. 30 Kringel (4–5 cm ⌀) auf die Bleche spritzen. Ca. 30 Min. kühlen.

3 Den Backofen auf 180° vorheizen. Die Mohnkringel nacheinander im Ofen (Mitte) 12–14 Min. backen. Herausnehmen, mit dem Papier vom Blech ziehen und auf einem Kuchengitter abkühlen lassen. Mit Puderzucker bestäuben.

Kokos-
CRISPS

FÜR CA. 40 STÜCK

100 g weiche Butter | 150 g Rohrohrzucker | 1 Ei (M) |
150 g Mehl | ½ TL Backpulver | 50 g kernige Haferflocken |
70 g Kokosraspel | 5 EL Kokosmilch
Zubereitung: 35 Min. + 2 Std. Kühlen + 30 Min. Backen
Pro Stück ca. 65 kcal, 1 g E, 4 g F, 7 g KH

1 Butter, 125 g Zucker und Ei in den Mixtopf geben und 5 Min./Stufe 3 cremig rühren. Mehl, Backpulver, Haferflocken und 50 g Kokosraspel mischen und 15 Sek./Stufe 3 unterrühren. Den Teig ca. 2 Std. kühlen.

2 Den Backofen auf 175° vorheizen, zwei Backbleche mit Backpapier belegen. Kokosraspel und 25 g Zucker mischen.

3 Vom Teig walnussgroße Häufchen abnehmen und zwischen den Handflächen zu Kugeln formen. Die Oberseite der Kugeln mit Kokosmilch bestreichen und in den Kokoszucker drücken. Die Kugeln auf die Bleche setzen und nacheinander im Ofen (Mitte) in 12–15 Min. goldgelb backen. Herausnehmen, mit dem Papier vom Blech ziehen und auf einem Kuchengitter abkühlen lassen.

Marzipan-
KARTOFFELN

FÜR CA. 30 STÜCK

250 g Zucker | 250 g geschälte Mandeln |
20 g Rosenwasser | 5 Tropfen Bittermandel-Backöl |
15 g brauner Rum | 50 g Kakaopulver

Zubereitung: 25 Min.
Pro Stück ca. 90 kcal, 2 g E, 5 g F, 9 g KH

1 Den Zucker im Mixtopf 10 Sek./Stufe 10 pulverisieren. Die Mandeln zufügen und 20 Sek./Stufe 7 mahlen. Rosenwasser, Bittermandelöl und Rum zugeben und alles 3 Min./Teigstufe mithilfe des Spatels vermischen.

2 Von der Mandelmasse mit einem Teelöffel kleine Portionen abstechen und zwischen den Handflächen zu Kugeln formen. Zuletzt im Kakaopulver wälzen.

Lieblings-
FLORENTINER

FÜR CA. 40 STÜCK

50 g Zitronat | 50 g Orangeat | 200 g Sahne |
100 g Zucker | 1 Pck. Vanillezucker | 35 g Butter |
200 g Mandelblättchen | 25 g Mehl | 15 g Mandellikör
(z. B. Amaretto) | 20 kandierte Kirschen |
50 g Zartbitterschokolade (50 % Kakao)

Zubereitung: 40 Min. + 24 Min. Backen
Pro Stück ca. 75 kcal, 1 g E, 6 g F, 5 g KH

1 Den Backofen auf 180° vorheizen, zwei Backbleche mit Backpapier belegen. Zitronat und Orangeat im Mixtopf 6 Sek./Stufe 8 hacken und umfüllen. Sahne, Zucker, Vanillezucker und 30 g Butter in den Mixtopf geben und 4 Min./90°/Stufe 2 erhitzen. Mandeln, Mehl, Likör, Zitronat und Orangeat zugeben und weitere 5 Min./90°/Linkslauf/Stufe 2 erhitzen.

2 Von der Mandelmasse mit zwei Teelöffeln kleine Häufchen abnehmen und mit etwas Abstand auf die Bleche setzen. Die Kirschen halbieren und eine Hälfte auf jedes Häufchen legen.

3 Die Florentiner nacheinander im Ofen (Mitte) in 10–12 Min. goldbraun backen. Mit dem Papier vom Blech ziehen und auf einem Kuchengitter ganz auskühlen lassen. Erst danach vom Papier lösen.

4 Den Mixtopf reinigen. Die Schokolade in Stücke brechen und darin 7 Sek./Stufe 8 zerkleinern. 5 g Butter zugeben und die Schokolade 3 Min./50°/Stufe 2 schmelzen. Die Unterseite der Florentiner mit der geschmolzenen Schokolade bestreichen und auf dem Kuchengitter trocknen lassen.

Für Anhänger vor dem Backen mit einem Holzspieß ein kleines Loch in die Lebkuchen stechen.

Ausgestochene
HONIGLEBKUCHEN

FÜR CA. 40 STÜCK

420 g Zucker | 100 g weiche Butter | 250 g Honig |
1 TL Zimtpulver | ½ TL gemahlener Kardamom | frisch
gemahlene Muskatnuss | Salz | 1 Ei (M) | 500 g Mehl |
1 Pck. Backpulver | verschiedene Ausstecher
Zubereitung: 40 Min. + 2 Std. Ruhen
+ 30 Min. Backen
Pro Stück ca. 125 kcal, 2 g E, 2 g F, 25 g KH

1 Für den Teig 150 g Zucker im Mixtopf 10 Sek./Stu-
fe 10 pulverisieren. Butter, Honig, Zimt, Kardamom,
½ TL Muskatnuss und ½ TL Salz zugeben und
5 Min./100°/Stufe 1 erhitzen. Das Ei trennen. Eigelb,
Mehl und Backpulver zufügen und alles 1 Min./Stu-
fe 4 kneten. Den Teig dann zu einer Kugel formen, in
Frischhaltefolie wickeln und mindestens 2 Std. ruhen
lassen. Den Mixtopf reinigen.

2 Den Backofen auf 180° vorheizen, zwei Backbleche
mit Backpapier belegen. Den Teig in vier Portionen
schneiden. Jede Portion zwischen zwei Bögen Backpapier ca. 5 mm dick ausrollen und beliebige Motive
ausstechen oder ausschneiden. Die Lebkuchen mit etwas Abstand auf die Bleche legen und nacheinander
im Ofen (Mitte) ca. 15 Min. backen.

3 Inzwischen für die Glasur 270 g Zucker im Mixtopf
10 Sek./Stufe 10 pulverisieren. Den Rühraufsatz einsetzen, das Eiweiß zugeben und in 1 Min./Stufe 3 cremig
aufschlagen. Die Lebkuchen mit dem Backpapier vom
Backblech ziehen und noch heiß mit dem Zuckerguss
bestreichen, dann abkühlen lassen.

SCHOKOLADEN-
lebkuchen

FÜR CA. 55 STÜCK

55 Oblaten (5 cm ⌀) | 250 g Haselnusskerne |
130 g Zartbitterschokolade (50 % Kakao) |
100 g weiche Butter | 130 g Zucker | 4 Eier (M) |
2 Tropfen Bittermandel-Backöl | 10 g Eierlikör |
10 g brauner Rum | 60 g Mehl | 1 TL Backpulver |
10 g Lebkuchengewürz | 100 g Puderzucker |
1 EL Zitronensaft
Zubereitung: 40 Min. + 2 Std. Trocknen
+ 40 Min. Backen
Pro Stück ca. 85 kcal, 1 g E, 6 g F, 7 g KH

1 Zwei Backbleche mit Backpapier belegen, die Oblaten darauf verteilen. Die Nüsse im Mixtopf 10 Sek./Stufe 7 mahlen, umfüllen. Die Schokolade in Stücke brechen, im Mixtopf 10 Sek./Stufe 7 hacken, umfüllen.

2 Butter, Zucker und Eier in den Mixtopf geben und 5 Min./Stufe 3 cremig rühren. Nüsse, Schokolade, Bittermandelöl, Likör und Rum zufügen und alles 30 Sek./Stufe 5 verrühren. Mehl, Backpulver und Lebkuchengewürz mischen, zugeben und alles nochmals 45 Sek./Stufe 5 verrühren. Von der Teigmasse mit einem Teelöffel walnussgroße Portionen abnehmen, auf die Oblaten setzen und zu ca. 1 cm hohen Kuppeln formen. Mindestens 2 Std. antrocknen lassen.

3 Den Backofen auf 175° vorheizen. Die Lebkuchen im Ofen (Mitte) je 15–20 Min. backen. Mit dem Papier vom Blech ziehen. Puderzucker und Zitronensaft zu einem Guss verrühren. Die heißen Lebkuchen damit bestreichen, auf einem Kuchengitter abkühlen lassen.

Linzer
SCHNITTEN
mit Himbeerkonfitüre

FÜR CA. 60 STÜCK
Für den Teig:
250 g Haselnusskerne
250 g Zucker
250 g weiche Butter
1 Pck. Vanillezucker
2 TL Zimtpulver
1 Msp. gemahlene Nelken
2 Eier (M)
250 g Mehl
30 g Kakaopulver
1 TL Backpulver
Für das Topping:
300 g Himbeerkonfitüre
Außerdem:
Spritzbeutel mit mittelgroßer Sterntülle

Zubereitung: 45 Min.
+ 35 Min. Backen
Pro Stück ca. 105 kcal,
1 g E, 6 g F, 11 g KH

1 Den Backofen auf 180° vorheizen, ein Backblech mit Backpapier belegen. Für den Rührteig die Haselnüsse im Mixtopf 15 Sek./ Stufe 8 mahlen und umfüllen. Den Zucker in den Mixtopf geben und 10 Sek./Stufe 10 pulverisieren. Butter, Vanillezucker, Zimt und Nelken zufügen und 4 Min./Stufe 4 cremig rühren. Die Eier zufügen und 2 Min./Stufe 4 unterrühren.

2 Mehl, Kakaopulver, Backpulver und Haselnüsse vermischen und in den Mixtopf geben. Alles 1 Min./Stufe 6 mithilfe des Spatels zu einem geschmeidigen Teig verrühren. (Den Spatel durch die Deckelöffnung stecken und mitrühren, während der Thermomix läuft.)

3 Zwei Drittel des Teiges auf das Backblech geben und mit einem Spatel gleichmäßig zu einem Rechteck (30 × 40 cm) verstreichen.

4 Für das Topping die Konfitüre glatt rühren und auf dem Teig verstreichen. Den restlichen Teig in den Spritzbeutel füllen und diagonal gitterartige Streifen auf die Konfitüre spritzen. Im Ofen (Mitte) ca. 35 Min. backen.

5 Das Blech herausnehmen und auf einem Kuchengitter abkühlen lassen. Die Teigplatte in ca. 5 × 4 cm große Stücke schneiden.

TIPP

Linzer Schnitten sind wandelbar. Sie sind auch mit Johannisbeergelee oder einer gelben Konfitüre ein Wintergenuss.

Echt österreichischer Genuss
vom Blech. Da müssen Sie gar
nicht nach Linz fahren!

Nugat-KNÖPFE

ERDNUSS-Cookies

FÜR CA. 40 STÜCK

3 Eiweiß (M) | 30 g Haselnusskerne | 30 g geröstete, gesalzene Erdnüsse | 100 g weiche Butter | 100 g Zucker | 130 g Mehl | 150 g Nugat | 1 EL Puderzucker | Spritzbeutel mit mittelgroßer Lochtülle | Gefrierbeutel
Zubereitung: 35 Min. + 24 Min. Backen + 1 Std. Kühlen
Pro Stück ca. 70 kcal, 1 g E, 4 g F, 7 g KH

1 Den Backofen auf 180° vorheizen, zwei Backbleche mit Backpapier belegen. Den Rühraufsatz in den Mixtopf einsetzen, die Eiweiße hineingeben und in 2 Min./Stufe 4 steif schlagen. Den Rühraufsatz entfernen, den Eischnee umfüllen.

2 Hasel- und Erdnüsse im Mixtopf 5 Sek./Stufe 8 mahlen. Mit dem Spatel nach unten schieben und erneut für 5 Sek./Stufe 8 mahlen. Den Rühraufsatz wieder einsetzen. Butter, Zucker, Mehl und Eischnee in den Mixtopf geben und 15 Sek./Stufe 4 verrühren.

3 Den Teig in den Spritzbeutel füllen und mit etwas Abstand Tupfen (2 cm Ø) auf die Bleche spritzen. Nacheinander im Ofen (Mitte) ca. 12 Min. backen, dann ca. 15 Min. auf den Blechen abkühlen lassen.

4 Inzwischen den Nugat in Stücke schneiden und im Mixtopf 3 Min./50°/Stufe 1 schmelzen. Die Masse in den Gefrierbeutel füllen und eine kleine Ecke abschneiden, sodass ein 3 mm großes Loch entsteht.

5 Die Hälfte der Knöpfe umdrehen. Je einen großen Tropfen Nugat auf die Unterseite spritzen und mit den restlichen Knöpfen zusammensetzen. Die Plätzchen ca. 1 Std. kühlen. Danach mit Puderzucker bestäuben.

FÜR CA. 35 STÜCK

200 g geröstete, gesalzene Erdnüsse | 130 g weiche Butter | 130 g Rohrohrzucker | 1 Ei (M) | 80 g zarte Haferflocken | 130 g Mehl | 1 TL Backpulver
Zubereitung: 35 Min. + 24 Min. Backen
Pro Stück ca. 100 kcal, 2 g E, 6 g F, 8 g KH

1 Den Backofen auf 180° vorheizen, zwei Backbleche mit Backpapier belegen. Die Erdnüsse im Mixtopf 3 Sek./Stufe 6 hacken und umfüllen.

2 Butter, Zucker und Ei in den Mixtopf geben und 2 Min./Stufe 4 verrühren. Haferflocken, Mehl und Backpulver zufügen und 30 Sek./Stufe 4 untermischen. Den Teig mit dem Spatel durchrühren und erneut 30 Sek./Stufe 4 vermischen. Die Erdnüsse 30 Sek./Stufe 2 unterrühren.

3 Vom Teig mit zwei Teelöffeln walnussgroße Portionen abnehmen und mit etwas Abstand auf die Bleche setzen. Im Ofen (Mitte) je ca. 12 Min. backen. Herausnehmen, mit dem Papier vom Blech ziehen und auf einem Kuchengitter auskühlen lassen.

KIRSCHSTERNE
mit Haselnüssen

FÜR CA. 80 STÜCK

300 g Zucker
400 g Haselnusskerne
50 g Soft-Kirschen
1 TL Zimtpulver
2 Eiweiß (M)
50 g Kirschsaft
Außerdem:
Stern-Ausstecher (5 cm ⌀)

Zubereitung: 30 Min.
+ 40 Min. Tiefkühlen
+ 20 Min. Backen
Pro Stück ca. 50 kcal,
1 g E, 3 g F, 5 g KH

1 Den Zucker im Mixtopf 10 Sek./Stufe 10 pulverisieren und um-füllen. Die Nüsse im Mixtopf 10 Sek./Stufe 8 mahlen und umfüllen.

2 Die Kirschen in den Mixtopf geben und 10 Sek./Stufe 6 zerklei-nern. Gemahlene Haselnüsse, 200 g Zucker und Zimt zugeben und 5 Sek./Stufe 5 vermischen. 1 Eiweiß zufügen und alles 10 Sek./Stufe 5 zu einem Teig verrühren. Den Teig auf der Arbeitsfläche nochmals kurz mit den Händen durchkneten und in zwei Portionen teilen.

3 Die Teigportionen jeweils zwischen zwei Bögen Backpapier ca. 5 mm dick ausrollen. Dann ca. 40 Min. in das Tiefkühlfach le-gen. Den Mixtopf reinigen und trocknen.

4 Den Backofen auf 180° vorheizen, zwei Backbleche mit Back-papier belegen. Das restliche Eiweiß mit 100 g Zucker und Kirsch-saft in den Mixtopf geben und 3 Min./Stufe 3 aufschlagen.

5 Aus den Teigplatten mit dem Ausstecher Sterne ausstechen und auf die Bleche legen. Die Sterne mit dem Kirschguss bestreichen und nacheinander im Ofen (1. Schiene von unten) 8–10 Min. ba-cken. Herausnehmen, mit dem Papier vom Blech ziehen und auf einem Kuchengitter abkühlen lassen.

TIPP

Wird der Teig beim Ausstechen zu weich, die Teigplatte einfach nochmals einige Minuten ins Tiefkühlfach legen. Danach klappt das Ausstechen wieder problemlos.

Die Sterne gelingen
auch mit Mandeln.

Beim »Prägen« die Gabel immer wieder in Mehl tauchen.

Walnuss-
KNÖPFCHEN

FÜR CA. 40 STÜCK

60 g Walnusskerne | 150 g Mehl | 1 Msp. Backpulver |
75 g Zucker | ½ TL Zimtpulver | 90 g kalte Butter |
1 Eigelb (M) | Puderzucker zum Bestäuben |
Mehl für die Arbeitsfläche
Zubereitung: 40 Min. + 30 Min. Kühlen
+ 24 Min. Backen
Pro Stück ca. 50 kcal, 1 g E, 3 g F, 6 g KH

1 Die Nüsse im Mixtopf 5 Sek./Stufe 7 mahlen, dann 5 Min./100°/Stufe 1 rösten. Dabei nach 2 Min. mit dem Spatel durchrühren, dann weiterlaufen lassen.

2 Mehl, Backpulver, Zucker und Zimt in den Mixtopf geben und 20 Sek./Stufe 4 vermischen. Mit dem Spatel nach unten schieben. Die Butter in kleine Stücke teilen. Diese mit dem Eigelb zur Mehlmischung geben und alles 15 Sek./Stufe 4 zu einem Teig verkneten. Den Teig auf der Arbeitsfläche nochmals kurz mit den Händen durchkneten, dann in Frischhaltefolie wickeln und ca. 30 Min. kühlen.

3 Den Backofen auf 180° vorheizen, zwei Backbleche mit Backpapier belegen. Vom Teig mit einem Teelöffel haselnussgroße Portionen abnehmen und zwischen den Handflächen zu Kugeln formen. Die Kugeln mit etwas Abstand auf die Bleche setzen und mit einer Gabel etwas flach drücken.

4 Die Knöpfchen nacheinander im Ofen (Mitte) in ca. 12 Min. zartbraun backen. Mit dem Papier vom Blech ziehen und auf einem Kuchengitter abkühlen lassen. Dünn mit Puderzucker bestäuben.

BRATAPFEL-
kekse

FÜR CA. 35 STÜCK

30 g Rosinen | 2 EL Mandellikör (z. B. Amaretto) |
1 roter Apfel | 150 g weiche Butter | 30 g Mandelstifte |
2 Msp. Zimtpulver | 100 g Rohrohrzucker | 1 Ei (M) |
Salz | 180 g Mehl | 1 TL Backpulver | Puderzucker
zum Bestäuben

Zubereitung: 35 Min. + 30 Min. Backen
Pro Stück ca. 75 kcal, 1 g E, 4 g F, 8 g KH

1 Die Rosinen im Mixtopf 8 Sek./Stufe 10 hacken. In eine Schale umfüllen, mit dem Likör mischen und beiseitestellen. Den Apfel waschen, mit Schale vierteln und entkernen. Die Viertel in den Mixtopf geben und 8 Sek./Stufe 4 zerkleinern. 20 g Butter, Mandeln und Zimt zugeben und den Apfel 4 Min./100°/Linkslauf/Stufe 1 anschwitzen. Die Apfelmasse umfüllen und ca. 30 Min. abkühlen lassen. Den Mixtopf kalt ausspülen und trocknen.

2 Inzwischen den Backofen auf 180° vorheizen, zwei Backbleche mit Backpapier belegen. 130 g Butter und Zucker in den Mixtopf geben und 4 Min./Stufe 4 cremig rühren. Ei und 1 Prise Salz zufügen und 30 Sek./Stufe 4 vermischen. Mehl und Backpulver mischen, mit den Rosinen samt Likör und der Apfelmasse in den Mixtopf geben und 25 Sek./Stufe 3 unterrühren.

3 Mit zwei angefeuchteten Teelöffeln runde Teighäufchen mit etwas Abstand auf die Bleche setzen. Im Ofen (Mitte) in je ca. 15 Min. goldbraun backen. Mit dem Papier vom Blech ziehen, auf einem Kuchengitter abkühlen lassen, noch warm mit Puderzucker bestäuben.

Die Knöchli in eine Plätzchendose schichten und durchziehen lassen. Dann schmecken sie noch viel besser!

Schweizer
KNÖCHLI

FÜR CA. 50 STÜCK

250 g Haselnusskerne
1 Bio-Zitrone
200 g Zucker
75 g weiche Butter
Salz
2 Eier (M)
1 TL Zimtpulver
1 Msp. gemahlene Nelken
250 g Weizenmehl (Type 1050)
1 Eiweiß (M)
Außerdem:
Mehl für die Arbeitsfläche

Zubereitung: 40 Min.
+ 3 Std. Kühlen
+ 30 Min. Backen
Pro Stück ca. 80 kcal,
2 g E, 5 g F, 8 g KH

1 In einer Pfanne ohne Fett 200 g Haselnüsse unter Rühren rösten, bis sie duften. Dabei jedoch nicht bräunen lassen. Die Nüsse auf ein Küchentuch schütten und die Häutchen abreiben. Die restlichen 50 g Nüsse in den Mixtopf geben und 8 Sek./Stufe 7 fein mahlen.

2 Die Zitrone heiß abwaschen, abtrocknen und die Schale mit einem Zestenreißer oder Messer hauchdünn abziehen. Die Zitronenschale mit dem Zucker im Mixtopf 15 Sek./Stufe 10 pulverisieren.

3 Die Butter und 1 Prise Salz zugeben und 4 Min./Stufe 4 aufschlagen. Dabei die Eier nacheinander durch die Deckelöffnung zugeben. Zimt, Nelken und gemahlene Nüsse in den Mixtopf geben und 15 Sek./Stufe 3 unterrühren. Haselnusskerne und Mehl auf die Eimasse geben und 30 Sek./Stufe 1 unterrühren. Den Deckel öffnen, den Teig mit dem Spatel durchrühren, nach unten schieben und erneut 15 Sek./Stufe 2 rühren. Den Teig mittig auf einen Bogen Backpapier geben, das Papier zu einem Päckchen zusammenfalten und etwas flach drücken. Mindestens 3 Std. kühlen.

4 Den Backofen auf 220° vorheizen, zwei Backbleche mit Backpapier belegen. Den Teig halbieren. Jede Portion auf der bemehlten Arbeitsfläche in Dicke der Haselnusskerne zu einem Rechteck (16 × 20 cm) ausrollen.

5 Die Rechtecke auf ein Schneidebrett legen, längs halbieren und quer in ca. 1 cm breite Streifen schneiden. Die Streifen auf die Bleche legen. Das Eiweiß mit dem Schneebesen leicht verquirlen und auf die Streifen pinseln. Die Knöchli nacheinander im Ofen (Mitte) in 13–15 Min. hellbraun backen. Mit dem Backpapier vom Blech ziehen und auf einem Kuchengitter ganz auskühlen lassen.

RUMKUGELN
mit viel Rum

SCHOKOLADEN-
brot

FÜR CA. 40 STÜCK

200 g Löffelbiskuits | 100 g Zartbitterschokolade |
40 g Haselnuss-Nugat-Creme | 50 g brauner Rum |
50 g weiche Butter | 200 g Schokoladenstreusel

Zubereitung: 30 Min. + 45 Min. Kühlen
Pro Stück ca. 75 kcal, 1 g E, 3 g F, 8 g KH

1 Die Löffelbiskuits in Stücke brechen und im Mixtopf 8 Sek./Stufe 10 mahlen. Dann umfüllen. Die Schokolade in Stücke brechen, im Mixtopf 10 Sek./Stufe 8 fein hacken und ebenfalls umfüllen.

2 Nugat-Creme, Rum und Butter in den Mixtopf geben und 10 Sek./Stufe 3 verrühren. Biskuits und Schokolade 30 Sek./Stufe 4 unterrühren. Von der Masse teelöffelgroße Portionen abnehmen und zwischen den Handflächen zu Kugeln rollen. Die Kugeln in den Schokostreuseln wälzen und ca. 45 Min. kühlen.

FÜR CA. 90 STÜCK

250 g Vollmilchschokolade | 250 g Haselnusskerne |
280 g Butter | 220 g Zucker | 6 Eier (M) | 100 g Mehl |
1 TL Backpulver | 200 g Johannisbeergelee |
200 g Zartbitterkuvertüre

Zubereitung: 35 Min. + 25 Min. Backen
+ 5 Std. Kühlen
Pro Stück ca. 90 kcal, 1 g E, 6 g F, 8 g KH

1 Den Backofen auf 175° vorheizen, ein Backblech mit Backpapier belegen. Die Schokolade in Stücke brechen und im Mixtopf 10 Sek./Stufe 8 hacken, dann umfüllen. Die Haselnüsse im Mixtopf 10 Sek./Stufe 7 mahlen und ebenfalls umfüllen.

2 250 g Butter, Zucker und Eier in den Mixtopf geben und 2 Min./Stufe 5 verrühren. Mehl, Backpulver, Schokolade und Nüsse zufügen und 35 Sek./Stufe 5 verrühren. Den Teig gleichmäßig auf dem Blech verstreichen und im Ofen (Mitte) 22–25 Min. backen. Den Mixtopf reinigen.

3 Inzwischen das Johannisbeergelee in einem kleinen Topf erhitzen. Das Schokoladenbrot aus dem Ofen nehmen, mit dem Papier vom Blech ziehen und sofort mit dem flüssigen Gelee bestreichen. Auf einem Kuchengitter ca. 5 Std. oder über Nacht trocknen lassen.

4 Die Kuvertüre in Stücke brechen und im Mixtopf 15 Sek./Stufe 8 hacken. 30 g Butter zugeben und die Kuvertüre 5 Min./50°/Stufe 2 schmelzen. Das Schokoladenbrot mit der Glasur überziehen, trocknen lassen und in Quadrate (ca. 4 × 4 cm) schneiden.

Ein schönes Geschenk -
ratzfatz zubereitet.

Zum Aufbewahren in eine Keksdose schichten.

MANDEL-
Spritzgebäck

FÜR CA. 60 STÜCK

100 g geschälte Mandeln | 150 g weiche Butter |
100 g Zucker | 2 Pck. Vanillezucker | Salz | 1 Ei (M) |
180 g Mehl | 1 Msp. Backpulver | Puderzucker zum
Bestäuben | Spritzbeutel mit mittelgroßer Sterntülle
Zubereitung: 25 Min. + 30 Min. Ruhen
+ 24 Min. Backen
Pro Stück ca. 50 kcal, 1 g E, 3 g F, 4 g KH

1 Die Mandeln im Mixtopf 10 Sek./Stufe 8 mahlen,
dann umfüllen. Butter, Zucker, Vanillezucker, Salz und
Ei in den Mixtopf geben und 20 Sek./Stufe 5 vermischen. Gemahlene Mandeln, Mehl und Backpulver
zugeben und 20 Sek./Stufe 4 untermischen. Dann
mit dem Spatel durchrühren und 20 Sek./Stufe 4 zu
einem glatten Teig verrühren. Den Teig ca. 30 Min. bei
Raumtemperatur ruhen lassen.

2 Den Backofen auf 180° vorheizen, zwei Backbleche
mit Backpapier belegen. Den Teig in den Spritzbeutel
füllen und Stangen, Kreise oder S-Formen auf die Bleche spritzen. Das Spritzgebäck nacheinander im Ofen
(Mitte) ca. 12 Min. backen. Herausnehmen, vorsichtig mit dem Papier vom Blech ziehen und auf einem
Kuchengitter ganz auskühlen lassen. Zuletzt mit Puderzucker bestäuben.

Orangen-Kokos-
NOCKEN

FÜR CA. 45 STÜCK

1 Bio-Orange | 260 g Zucker | 6 Eiweiß (M) |
260 g Kokosraspel

Zubereitung: 35 Min. + 50 Min. Backen

Pro Stück ca. 60 kcal, 1 g E, 4 g F, 6 g KH

1 Die Orange heiß waschen, abtrocknen und die Schale mit einem Zestenreißer oder Messer hauchdünn abziehen. Den Saft auspressen und 1 EL davon abnehmen (restlichen Saft anderweitig verwenden).

2 Den Backofen auf 150° vorheizen, zwei Backbleche mit Backpapier belegen. Zucker und Orangenschale in den Mixtopf geben und 10 Sek./Stufe 10 pulverisieren. Den Rühraufsatz einsetzen, die Eiweiße hineingeben und alles 4 Min./Stufe 4 cremig aufschlagen. Kokosraspel und Orangensaft 10 Sek./Stufe 4 unterrühren.

3 Von der Kokosmasse mit zwei Teelöffeln kleine Nocken abstechen und auf die Backbleche setzen. Die Nocken nacheinander im Ofen (Mitte) ca. 25 Min. backen. Herausnehmen, mit dem Papier vom Blech ziehen und auf einem Kuchengitter abkühlen lassen.

TIPP

Besonders edel ist diese Deko aus Schokolade:
50 g Vollmilchschokolade in Stücke brechen und im Mixtopf 8 Sek./Stufe 8 hacken. 10 g Butter zugeben und die Schokolade 5 Min./50°/Stufe 2 schmelzen. Die Glasur mit einem Teelöffel in Streifen auf die ausgekühlten Nocken träufeln und trocknen lassen.

Grundrezept

BUTTERPLÄTZCHEN

mit Ratzfatz-Deko

250 g Zucker, 500 g Mehl, 250 g kalte Butter in Stücken, 2 Eier (M) und 2 TL Backpulver in den Mixtopf geben und 40 Sek./Stufe 5 mithilfe des Spatels zu einem Teig kneten. Herausnehmen und auf der Arbeitsfläche nochmals kurz mit den Händen durchkneten. Den Teig zu einer Kugel formen, in Frischhaltefolie wickeln und mindestens 30 Min. kühlen. Den Backofen auf 180° vorheizen, zwei Backbleche mit Backpapier belegen. Den Teig auf der bemehlten Arbeitsfläche 5–6 mm dick ausrollen und verschiedene Motive ausstechen. Auf die Bleche legen und nacheinander im Ofen (Mitte) je 12–13 Min. backen. Auf einem Kuchengitter abkühlen lassen.

Schokoladenglasur: Je 100 g Zartbitterschokolade (50 % Kakao) und Vollmilchschokolade in Stücke brechen und im Mixtopf 8 Sek./Stufe 8 zerkleinern. Mit dem Spatel nach unten schieben, 20 g Butter zugeben und die Schokolade 2 Min./50°/Stufe 2 schmelzen. Die Glasur mit einem Backpinsel auf die Plätzchen auftragen oder die Plätzchen zur Hälfte hineintauchen. Auf Backpapier trocknen lassen.

Zuckerguss mit Farbe: Den Rühraufsatz in den Mixtopf einsetzen und 250 g Puderzucker und 1 Eiweiß (M) darin 2 Min./Stufe 4 cremig rühren. In eine oder mehrere Schalen umfüllen und mit einigen Tropfen Wasser bis zur gewünschten Konsistenz verdünnen. Den Zuckerguss mit verschiedenen Lebensmittelfarben (ersatzweise natürliches Farbpulver) einfärben und die Plätzchen damit bestreichen. Noch feucht nach Belieben bunte Zuckerperlen, Schokostreusel oder Nusshälften daraufsetzen.

Schoko- und Nussraspel: Gekühlte Schokolade in Stücke brechen und im Mixtopf 2 Sek./Stufe 6 hacken. Dabei auf Sicht arbeiten und bei Bedarf wiederholen. Nusskerne und Mandeln zuerst 3 Sek./Stufe 4 hacken. Sind sie noch zu grob, im Sekundentakt bis zur gewünschten Größe weiterhacken. Für mehr Aroma die Nüsse danach noch 5 Min./100°/Stufe 1 rösten. Schoko- oder Nussraspel auf noch weiche Schokoglasur oder Zuckerguss streuen.

Zuckerguss mit Geschmack: 100 g Puderzucker mit 2 EL Flüssigkeit (Cola, Fruchtsaft, Kokosmilch, Orangen- oder Zitronenbrause) in den Mixtopf geben und 20 Sek./Stufe 3 zu einem glatten Guss verrühren. Zusätzlich 1 TL Kakaopulver gibt dem Guss eine schöne Farbe und einen schokoladigen Geschmack.

Bunter Zucker: 200 g Zucker und einige Tropfen Lebensmittelfarbe im Mixtopf 5 Sek./Stufe 4 vermischen. Je nach gewünschter Intensität den Vorgang eventuell mit mehr Lebensmittelfarbe wiederholen. Wirkt am besten auf dünn mit Zuckerguss bestrichenen Plätzchen. Sehr cool: Verschiedenfarbige Streifen nebeneinander aufstreuen, fertig sind Regenbogen-Plätzchen.

Kuchen &
TORTEN
zum Genießen

Schoko-
TRÜFFEL-
Torte

**FÜR 1 SPRINGFORM
(26 CM Ø, 12 STÜCKE)**

Für Füllung und Deko:

100 g Zartbitterschokolade
(50 % Kakao)

500 g Sahne

2 Pck. Sahnefestiger

75 g Raspelschokolade
(Zartbitter)

Kakaopulver zum Bestäuben

12 Trüffelpralinen

Für den Boden:

5 Eier (M)

150 g Zucker

50 g Zartbitterschokolade
(50 % Kakao)

1 Pck. Vanillezucker

170 g Mehl

3 gestr. TL Backpulver

Außerdem:

Öl und Mehl für die Form

Zubereitung: 1 Std.
+ 12 Std. Kühlen
+ 40 Min. Backen
Pro Stück ca. 390 kcal,
8 g E, 25 g F, 34 g KH

1 Für die Füllung die Schokolade in Stücke brechen und im Mixtopf 5 Sek./Stufe 8 zerkleinern. 300 g Sahne dazugießen und die Schokolade 6 Min./90°/Stufe 2 schmelzen. Umfüllen und mindestens 12 Std. kühlen. Den Mixtopf reinigen.

2 Den Backofen auf 180° vorheizen. Den Boden der Form mit Backpapier belegen, den Rand mit Öl einfetten und mit Mehl bestäuben. Für den Biskuitboden die Eier trennen. Den Rühraufsatz einsetzen und die Eiweiße mit 50 g Zucker im Mixtopf 3 Min./Stufe 4 steif schlagen. Umfüllen, den Rühraufsatz entfernen.

3 Die Schokolade in Stücke brechen und im Mixtopf 5 Sek./Stufe 8 zerkleinern. Dann 5 Min./50°/Stufe 2 schmelzen und 5 Min./Stufe 2 ohne Temperatur abkühlen lassen. Die Eigelbe zugeben und 5 Min./Stufe 4 aufschlagen. Dabei nach 2 Min. 100 g Zucker und Vanillezucker einrieseln lassen. Rühraufsatz einsetzen und den Eischnee 10 Sek./Stufe 1 unterheben. Mehl und Backpulver 20 Sek./Stufe 2 unterrühren. Die Biskuitmasse in die Form füllen, glatt streichen und im Ofen (Mitte) ca. 40 Min. backen. Den Boden leicht abgekühlt aus der Form lösen und auf einem Kuchengitter auskühlen lassen.

4 Den Mixtopf reinigen, den Rühraufsatz einsetzen. Gekühlte Schokosahne, 200 g Sahne und Sahnefestiger darin 1 Min./Stufe 3 rühren. Weiter ohne Zeitvorgabe auf Sicht bei Stufe 3 steif schlagen. Den Boden waagerecht halbieren. Den unteren Boden mit zwei Dritteln der Schokosahne bestreichen. Den oberen Boden auflegen und die Torte rundum mit der übrigen Schokosahne bestreichen. Den Rand mit Raspelschokolade bestreuen, die Torte mit Kakao bestäuben und mit den Pralinen dekorieren.

Kaffee-
NUSS-KUCHEN

FÜR 1 KASTENFORM (30 CM LANG, 20 STÜCKE)

125 g Mandeln | 50 g Haselnusskerne | 250 g weiche
Butter | 300 g Zucker | 1 Pck. Vanillezucker | 4 Eier (M) |
375 g Mehl | 2 TL Backpulver | 50 g Kakaopulver |
250 g kalter Espresso | Öl und Mehl für die Form
Zubereitung: 30 Min. + 1 Std. 30 Min. Backen
Pro Stück ca. 305 kcal, 6 g E, 18 g F, 31 g KH

1 Den Backofen auf 175° vorheizen, die Kastenform
mit Öl einfetten und mit Mehl ausstäuben.

2 Für den Rührteig Mandeln und Haselnüsse im
Mixtopf 15 Sek./Stufe 7 mahlen und umfüllen. Butter,
Zucker und Vanillezucker in den Mixtopf geben und
2 Min./Stufe 4 cremig rühren. Die Eier zugeben und
1 Min./Stufe 4 unterrühren.

3 Mehl, Backpulver, Kakao und gemahlene Nüsse
mischen und mit dem Kaffee in den Mixtopf geben.
Mit dem Messbecher verschließen und alles 30 Sek./
Stufe 5 verrühren. Den Teig mit dem Spatel vom Rand
lösen, kurz durchrühren und nach unten schieben.
Dann nochmals 10 Sek./Stufe 5 verrühren.

4 Den Teig in die Form füllen, glatt streichen und im
Ofen (1. Schiene von unten) ca. 1 Std. 30 Min. backen.
Herausnehmen und ca. 10 Min. ruhen lassen. Den
Kuchen dann aus der Form lösen und auf einem Ku-
chengitter auskühlen lassen.

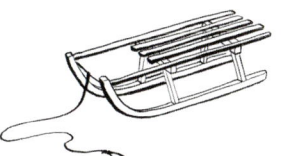

MANDELZOPF
mit Aprikosen

FÜR 1 ZOPF (20 SCHEIBEN)

50 g geschälte Mandeln | 200 g Soft-Aprikosen |
110 g Milch | 150 g Crème fraîche | 50 g Butter |
1 Würfel Hefe (42 g) | 50 g Zucker |
1 Pck. Vanillezucker | 375 g Mehl | 1 Eigelb (M) |
2 EL Hagelzucker | Mehl für die Arbeitsfläche
Zubereitung: 35 Min. + 1 Std. 10 Min. Ruhen
+ 35 Min. Backen
Pro Scheibe ca. 180 kcal, 4 g E, 7 g F, 24 g KH

1 Für den Hefeteig die Mandeln im Mixtopf 5 Sek./ Stufe 7 hacken. Die Aprikosen zugeben und 5 Sek./Stufe 7 mithacken, umfüllen. 100 g Milch, Crème fraîche, Butter, Hefe, Zucker und Vanillezucker im Mixtopf 3 Min./37°/Stufe 2 erwärmen, dann 10 Min. ruhen lassen. Mehl zugeben und alles 3 Min./Teigstufe kneten, den Aprikosenmix 2 Min./Teigstufe unterkneten. Den Teig in eine große Schüssel füllen, abdecken und an einem warmen Ort ca. 45 Min. gehen lassen.

2 Ein Backblech mit Backpapier belegen. Den Teig mit Mehl bestäuben und auf der Arbeitsfläche dritteln. Jede Portion kurz durchkneten und zu einer Kugel, dann zu einem ca. 45 cm langen Strang formen. Die Stränge nebeneinander auf das Blech legen, zu einem Zopf flechten und die Enden gut zusammendrücken.

3 Eigelb und 10 g (1 EL) Milch verquirlen. Den Zopf damit bestreichen, mit Hagelzucker bestreuen und ca. 15 Min. gehen lassen. Inzwischen den Backofen auf 180° vorheizen. Den Zopf im Ofen (Mitte) ca. 35 Min. backen. Auf einem Kuchengitter auskühlen lassen.

Schmeckt immer besser, je länger er durchzieht.

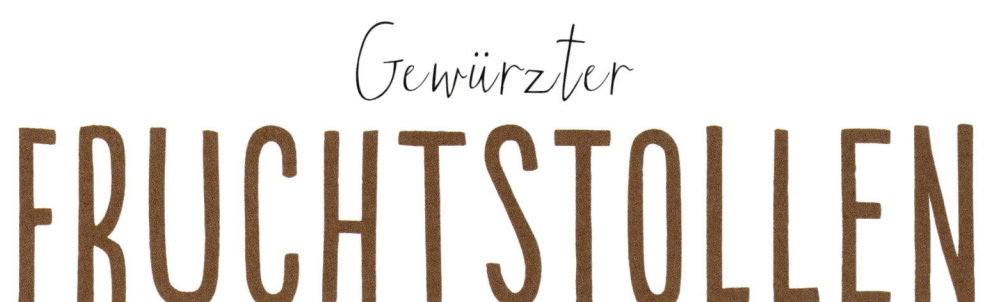

Gewürzter
FRUCHTSTOLLEN

FÜR 1 STOLLEN (20 SCHEIBEN)

Für den Teig:
100 g Zartbitterschokolade
(50 % Kakao)
100 g Walnusskerne
60 g Soft-Datteln
60 g Soft-Kirschen
1 Bio-Orange
75 g Zucker
160 g weiches Butterschmalz
75 g Milch
1 Würfel Hefe (42 g)
1 Pck. Vanillezucker | Salz
1 ½ TL Stollengewürz
2 Eier (M)
400 g Mehl
75 g Pistazienkerne

Für die Glasur:
225 g Kakao-Kuchenglasur
30 g gehackte Pistazien

Zubereitung: 35 Min.
+ 4 Std. 40 Min. Ruhen
+ 55 Min. Backen
Pro Scheibe ca. 345 kcal,
6 g E, 22 g F, 31 g KH

1 Für den Hefeteig die Schokolade in Stücke brechen und mit den Nüssen im Mixtopf 5 Sek./Stufe 5 grob hacken, umfüllen. Datteln und Kirschen im Mixtopf 6 Sek./Stufe 5 hacken, umfüllen. Die Orange heiß abwaschen und abtrocknen. Die Schale mit einem Zestenreißer dünn abziehen, den Saft auspressen. 4 EL Orangensaft unter die Trockenfrüchte mischen und ziehen lassen.

2 Orangenschale und Zucker im Mixtopf 10 Sek./Stufe 10 pulverisieren. Schmalz, Milch, Hefe, Vanillezucker, 1 Prise Salz und Stollengewürz zugeben und 3 Min./37°/Stufe 1 erwärmen, dann 10 Min. ruhen lassen. Eier und Mehl zufügen und alles 5 Min./Teigstufe verkneten. Den Teig in eine große Schüssel umfüllen und abgedeckt an einem warmen Ort ca. 2 Std. gehen lassen. Schoko-Nuss-Mix, eingeweichte Früchte und Pistazien kurz mit den Händen unter den Teig kneten. Den Teig dann nochmals ca. 2 Std. gehen lassen.

3 Ein Backblech mit Backpapier belegen. Den Teig auf der Arbeitsfläche zu einer ca. 40 cm langen Rolle formen. Mit dem Nudelholz längs eine Vertiefung eindrücken und übereinanderklappen. Den Stollen auf das Blech legen und ca. 30 Min. gehen lassen.

4 Inzwischen den Backofen auf 180° vorheizen. Den Stollen im Ofen (Mitte) 20 Min. backen, dann die Temperatur auf 160° reduzieren und in 30–35 Min. fertig backen. Herausnehmen und auf einem Kuchengitter auskühlen lassen. Die Kuchenglasur nach Packungsangabe schmelzen und den Stollen damit überziehen. Die Pistazien daraufstreuen und trocknen lassen. Den Stollen fest in Alufolie wickeln und mindestens 1 Woche durchziehen lassen.

MARZIPANSTOLLEN
aus Quarkteig

**FÜR 1 STOLLENFORM
(23 CM LANG, 12 SCHEIBEN)**

Für den Teig:
50 g geschälte Mandeln
90 g weiche Butter
100 g Zucker
125 g Magerquark
1 Ei (M)
1 Pck. Vanillezucker
10 g Rum | Salz
250 g Mehl
½ Pck. Backpulver
125 g Rosinen
50 g Orangeat
50 g Zitronat

Für Füllung und Belag:
200 g Marzipanrohmasse
30 g Butter
30 g Puderzucker

Außerdem:
Öl und Mehl für die Form
Mehl für die Arbeitsfläche

Zubereitung: 40 Min.
+ 55 Min. Backen
Pro Scheibe ca. 390 kcal,
8 g E, 18 g F, 49 g KH

1 Den Backofen auf 180° vorheizen, ein Backblech mit Backpapier belegen. Die Stollenform mit Öl einfetten und mit Mehl ausstäuben.

2 Für den Quarkteig die Mandeln im Mixtopf 5 Sek./Stufe 7 hacken, umfüllen. Butter, Zucker, Quark, Ei, Vanillezucker, Rum und 1 Prise Salz in den Mixtopf geben und 1 Min./Stufe 4 verrühren. Mehl und Backpulver mischen, zugeben und 2 Min./Teigstufe unterkneten. Den Teig auf der bemehlten Arbeitsfläche mit Mandeln, Rosinen, Orangeat und Zitronat verkneten. Dann mit den Händen zu einem Rechteck (ca. 23 × 28 cm) flach drücken.

3 Für die Füllung die Marzipanrohmasse zwischen zwei Bögen Backpapier zu einem Rechteck (ca. 22 × 26 cm) ausrollen und auf den Teig legen. Den Teig von der Querseite her aufrollen und in die Form drücken. Mit der offenen Seite nach unten auf das Backblech setzen und den Stollen im Ofen (Mitte) ca. 35 Min. backen. Die Form dann abnehmen und den Stollen in ca. 20 Min. fertig backen. Herausnehmen und mit dem Backpapier vom Backblech ziehen.

4 Die Butter in einem kleinen Topf schmelzen und den heißen Stollen damit bestreichen. Mit Puderzucker bestäuben und auf einem Kuchengitter abkühlen lassen.

TIPP

Keine Stollenform zur Hand? Kein Problem. Die Teigrolle mit dem Nudelholz längs in der Mitte leicht eindrücken und die so entstandenen Teigwülste zur typischen Stollenform übereinanderklappen. Den Stollen auf das Blech setzen und backen.

Christstollen-
MUFFINS

FÜR 12 STÜCK
100 g Marzipanrohmasse | 250 g weiche
Butter | 50 g Zucker | 1 Pck. Vanillezucker |
2 TL Stollengewürz | 310 g Mehl | 1 Pck. Backpulver |
4 Eier (M) | 150 g Milch | 30 g Rosinen | 30 g Orangeat |
30 g Zitronat | 50 g gehackte Mandeln |
50 g Puderzucker | 12 Muffinpapierförmchen |
12er-Muffinform
Zubereitung: 35 Min. + 30 Min. Backen
Pro Stück ca. 405 kcal, 8 g E, 25 g F, 37 g KH

1 Den Backofen auf 180° vorheizen. Die Papierförmchen in die Mulden der Muffinform setzen.

2 Für den Rührteig das Marzipan in grobe Stücke schneiden und im Mixtopf 10 Sek./Stufe 6 zerkleinern. 180 g Butter, Zucker, Vanillezucker und Stollengewürz zugeben und alles 3 Min./Stufe 4 cremig rühren. 300 g Mehl, Backpulver, Eier und Milch zufügen und alles in 1 Min./Stufe 4 zu einem glatten Teig verrühren.

3 Rosinen, Orangeat, Zitronat und 10 g Mehl in einer Schüssel mischen. Mit den Mandeln zum Teig in den Mixtopf geben und 1 Min./Stufe 3 unterrühren. Den Teig mit zwei Esslöffeln gleichmäßig auf die Förmchen verteilen und die Muffins im Ofen (Mitte) ca. 30 Min. backen. Dann herausnehmen.

4 In einem Topf 70 g Butter schmelzen. Die Muffins mit einem Holzstäbchen mehrfach einstechen, mit der flüssigen Butter beträufeln und mit 25 g Puderzucker übersieben. Die Muffins ganz auskühlen lassen, dann mit dem restlichen Puderzucker bestäuben.

CHRISTSTOLLEN
vom Blech

FÜR 1 BACKBLECH (16 STÜCKE)

100 g Orangeat | 100 g Zitronat | 200 g Milch |
50 g Sahne | 60 g Hefe (1½ Würfel) |
730 g Mehl | 190 g Zucker | 3 Pck. Vanillezucker |
1 TL Stollengewürz | 300 g weiche Butter | Salz |
150 g Rosinen | 100 g Mandelblättchen | Butter für das
Blech | Mehl für die Arbeitsfläche
Zubereitung: 30 Min. + 2 Std. 10 Min. Ruhen
+ 30 Min. Backen
Pro Stück ca. 480 kcal, 8 g E, 22 g F, 63 g KH

1 Orangeat und Zitronat im Mixtopf 15 Sek./Stufe 10
hacken, umfüllen. Für den Hefeteig Milch, Sahne und
Hefe im Mixtopf 2 Min./37°/Stufe 2 rühren, dann
10 Min. ruhen lassen. Mehl, 120 g Zucker, Vanillezucker, Stollengewürz, 150 g Butter, 1 Prise Salz, Orangeat
und Zitronat zugeben und 1 Min./Teigstufe verkneten.
Mixtopf öffnen, den Teig mit dem Spatel verrühren
und weitere 4 Min./Teigstufe verkneten. Umfüllen, die
Rosinen mit den Händen unterkneten und abgedeckt
an einem warmen Ort ca. 1 Std. gehen lassen.

2 Ein Backblech mit Backpapier belegen. Den Teig auf
der bemehlten Arbeitsfläche auf Blechgröße ausrollen,
darauflegen und abgedeckt ca. 1 Std. gehen lassen.

3 Den Backofen auf 175° vorheizen. Mit den Fin-
gerspitzen kleine Mulden in den Teig drücken und
150 g Butter in Flöckchen darin verteilen. Mit Mandelblättchen und 70 g Zucker bestreuen und im Ofen
(Mitte) ca. 30 Min. backen. Auf einem Kuchengitter
auskühlen lassen, dann in Stücke schneiden.

Champagner-TRÜFFEL-Torte

**1 SPRINGFORM
(26 CM Ø, 12 STÜCKE)**

Für den Boden:
200 g Mehl
200 g Zucker
1 Pck. Backpulver
5 Eier (M)

Für die Füllung:
1 Blatt Gelatine
400 g weiße Schokolade
170 g weiche Butter
2 Pck. Sahnefestiger
200 g Champagner (ersatzweise
Prosecco oder Sekt)

Für die Deko:
300 g gekühlte Sahne
25 g gehackte Pistazien
16 Champagner-Trüffelpralinen

Außerdem:
Öl und Mehl für die Form

Zubereitung: 35 Min.
+ 1 Std. Kühlen
+ 25 Min. Backen
Pro Stück ca. 570 kcal,
8 g E, 35 g F, 54 g KH

1 Den Backofen auf 180° vorheizen. Den Boden der Springform mit Backpapier belegen, den Rand mit Öl einfetten und mit Mehl bestäuben. Für den Biskuitboden Mehl, Zucker, Backpulver und Eier im Mixtopf 2 Min./Stufe 5 verrühren. Den Teig in die Form füllen, glatt streichen und im Ofen (Mitte) ca. 25 Min. backen. Herausnehmen und ca. 10 Min. ruhen lassen. Den Boden dann aus der Form lösen und auf einem Kuchengitter ganz auskühlen lassen.

2 Inzwischen für die Füllung den Mixtopf reinigen. Die Gelatine in kaltem Wasser einweichen. Die Schokolade in Stücke brechen und im Mixtopf 7 Sek./Stufe 8 zerkleinern. Die Butter zufügen und alles 4 Min./37°/Stufe 3 zu einer cremigen Masse verrühren.

3 Die Gelatine gut ausdrücken und mit 1 EL Champagner in einem kleinen Topf auf dem Herd auflösen. Flüssige Gelatine und Sahnefestiger in den Mixtopf geben und 30 Sek./37°/Stufe 4 unterrühren. Den restlichen Champagner dazugießen und 20 Sek./Stufe 3 unterrühren. Die Creme umfüllen und ca. 1 Std. in den Kühlschrank stellen. Danach mit einem Spatel oder Kochlöffel durchrühren.

4 Den Boden zweimal waagerecht durchschneiden. Den unteren Boden auf eine Tortenplatte legen und mit der Hälfte der Creme bestreichen. Den zweiten Boden darauflegen und mit der restlichen Creme bestreichen. Mit dem letzten Boden abdecken.

5 Für die Deko den Rühraufsatz einsetzen und die Sahne im Mixtopf 1 Min./Stufe 3 rühren. Weiter ohne Zeitvorgabe auf Sicht bei Stufe 4 aufschlagen, bis die Sahne steif ist. Die Torte rundum damit bestreichen und mit den Pistazien und Trüffelpralinen dekorieren.

Karamell-  TOFFEE-
Torte

**FÜR 1 SPRINGFORM
(26 CM Ø, 12 STÜCKE)**

Für den Boden:
200 g Haselnusskerne
125 g weiche Butter
4 Eier (M)
100 g Zucker
1 geh. TL Backpulver

Für Belag und Deko:
27 Toffee-Konfekte (225 g,
z. B. Toffifee)
700 g Sahne
30 g Kakaopulver

Außerdem:
Öl für die Form

Zubereitung: 40 Min.
+ 30 Min. Backen
+ 30 Min. Tiefkühlen
Pro Stück ca. 525 kcal,
7 g E, 44 g F, 26 g KH

1 Den Backofen auf 180° vorheizen. Den Boden der Springform mit Backpapier belegen, den Rand mit Öl einfetten.

2 Für den Rührteigboden die Haselnüsse im Mixtopf 10 Sek./Stufe 7 mahlen. Butter, Eier, Zucker und Backpulver zugeben und 30 Sek./Stufe 5 verrühren. Den Teig in die Form füllen, glatt streichen und im Ofen (Mitte) 25–30 Min. backen. Herausnehmen und ca. 10 Min. ruhen lassen. Den Boden dann aus der Form lösen und auf einem Kuchengitter auskühlen lassen.

3 Inzwischen den Mixtopf reinigen. Für den Belag 15 Konfekt-Stücke und die Sahne ca. 30 Min. ins Tiefkühlfach stellen.

4 Danach die gekühlten Konfekt-Stücke in den Mixtopf geben und 10 Sek./Stufe 10 zerkleinern. Mit dem Spatel nach unten schieben, die Sahne dazugießen und auf Stufe 10 zu einer Creme verrühren. Dabei das Messer ohne Zeitvorgabe 50–60 Sek. rühren lassen, bis es hörbar »ins Leere« greift.

5 Den Boden auf eine Platte setzen und mit dem Springformrand oder einem Tortenring umschließen. Die Creme darauf verteilen und glatt streichen. Die Torte kurz vor dem Servieren mit Kakaopulver bestäuben und die restlichen 12 Konfekt-Stücke daraufsetzen.

TIPP
Die Torte wirklich erst kurz vor dem Servieren mit Kakao bestäuben und mit Konfekt dekorieren, sonst weicht das Konfekt auf.

Die Schoko-
Eiswürfel sinken
zum Boden....

Schoko-
PISTAZIEN-
Torte

FÜR 1 SPRINGFORM
(26 CM Ø, 12 STÜCKE)

Für den Boden:
100 g Pistazienkerne
5 Eier (M)
Salz
170 g Zucker
3 Tropfen Bittermandel-Backöl
100 g Mehl
½ TL Backpulver

Für den Schokokern:
200 g Zartbitterschokolade
(50 % Kakao)
150 g Sahne

Außerdem:
Silikon-Eiswürfelform
Öl und Mehl für die Form
Puderzucker zum Bestäuben

Zubereitung: 40 Min.
+ 12 Std. Tiefkühlen
+ 35 Min. Backen
Pro Stück ca. 315 kcal,
7 g E, 18 g F, 30 g KH

1 Für den Biskuitboden die Pistazien im Mixtopf 10 Sek./Stufe 8 fein mahlen. Umfüllen und beiseitestellen.

2 Für den Schokokern die Schokolade in Stücke brechen, in den Mixtopf geben und 5 Sek./Stufe 8 zerkleinern. Die Sahne dazugießen und die Schokolade 6 Min./50°/Stufe 2 schmelzen. Die Schokomasse in die Eiswürfelform füllen und mindestens 12 Std. oder über Nacht tiefkühlen. Den Mixtopf reinigen und trocknen.

3 Den Backofen auf 200° vorheizen, die Form mit Öl einfetten und mit Mehl ausstäuben. Die Eier trennen. Den Rühraufsatz einsetzen und die Eiweiße mit 1 Prise Salz im Mixtopf 2 Min./Stufe 4 steif schlagen. Dabei langsam 50 g Zucker einrieseln lassen. Den Eischnee in eine Rührschüssel füllen, den Rühraufsatz entfernen.

4 Eigelbe, 120 g Zucker, Bittermandelöl und 75 g lauwarmes Wasser in den Mixtopf geben und 2 Min./Stufe 4 hellschaumig aufschlagen. Mehl, Backpulver und gemahlene Pistazien 30 Sek./Stufe 3 unterrühren. Die Eigelbmasse dann zum Eischnee geben und mit einem Spatel behutsam unterheben.

5 Die Biskuitmasse in die Form füllen. Die Schoko-Eiswürfel aus der Form drücken und darauf verteilen. Den Kuchen im Ofen (Mitte) ca. 15 Min. backen, dann die Temperatur auf 175° reduzieren und in ca. 20 Min. fertig backen. Den Kuchen leicht abgekühlt aus der Form lösen und auf einem Kuchengitter auskühlen lassen. Mit Puderzucker bestäubt servieren.

BRATAPFEL-
torte

FÜR 1 SPRINGFORM (26 CM Ø, 12 STÜCKE)

50 g Rosinen | 3 EL Rum | 7 mittelgroße Äpfel
(z. B. Boskop) | 150 g weiche Butter | 100 g Zucker |
1 Ei (M) | 250 g Mehl | 1 Pck. Backpulver | 600 g Sahne |
120 g Zucker | 1 Pck. Vanillepuddingpulver |
1 TL Zimtpulver | Öl und Mehl für die Form
Zubereitung: 35 Min. + 1 Std. 30 Min. Backen
Pro Stück ca. 470 kcal, 4 g E, 28 g F, 48 g KH

1 Die Rosinen ca. 30 Min. im Rum marinieren. Inzwischen den Backofen auf 160° vorheizen, die Form
mit Öl einfetten und mit Mehl ausstäuben. Die Äpfel
schälen und das Kerngehäuse ausstechen.

2 Butter, Zucker, Ei, Mehl und Backpulver in den
Mixtopf geben und 1 Min./ Stufe 6 mithilfe des Spatels
zu groben Streuseln verkneten. In der Form verteilen,
mit der Hand zu einem Boden festdrücken und einen
3 cm hohen Rand formen. Die Äpfel auf den Teig setzen und mit den Rumrosinen füllen.

3 Sahne, Zucker, Puddingpulver und Zimt in den
Mixtopf geben und 8 Min./90°/Stufe 4 kochen. Den
Pudding rund um die Äpfel verteilen und die Torte im
Ofen (Mitte) ca. 1 Std. 30 Min. backen. Die Torte leicht
abgekühlt aus der Form lösen und auf einem Kuchen-
gitter auskühlen lassen.

Apfel-Pudding-
SCHNECKEN

FÜR 15 STÜCK

400 g Milch | 95 g Zucker | 20 g Vanillepuddingpulver |
1 Würfel Hefe (42 g) | Salz | 70 g weiche Butter |
1 Ei (M) | 500 g Mehl | 2 Äpfel (z. B. Jonagold) |
70 g Schmand | Mehl für die Arbeitsfläche |
Puderzucker zum Bestäuben
Zubereitung: 40 Min. + 1 Std. Ruhen + 1 Std. Backen
Pro Stück ca. 230 kcal, 6 g E, 7 g F, 36 g KH

1 Für die Creme 200 g Milch, 15 g Zucker und Puddingpulver im Mixtopf 5 Sek./Stufe 4 vermischen,
dann 7 Min./90°/Stufe 2 kochen. Den Pudding umfüllen und sofort mit Frischhaltefolie bedecken.

2 Für den Hefeteig Hefe, 200 g Milch, 80 g Zucker
und 1 Prise Salz im Mixtopf 3 Min./37°/Stufe 1 erwärmen und 10 Min. ruhen lassen. Butter, Ei und Mehl zugeben und alles 3 Min./Teigstufe verkneten. Den Teig
in eine Schüssel umfüllen und abgedeckt ca. 30 Min.
an einem warmen Ort gehen lassen.

3 Inzwischen die Äpfel schälen, vierteln und entkernen. Die Viertel in kleine Stücke schneiden. Den
Schmand unter den abgekühlten Pudding rühren.

4 Zwei Backbleche mit Backpapier belegen. Den Teig
auf der bemehlten Arbeitsfläche zu einem Rechteck
(30 × 40 cm) ausrollen. Mit der Creme bestreichen,
dabei einen 3 cm breiten Rand lassen. Die Äpfel auf
die Creme streuen, den Rand mit Wasser bestreichen.

5 Den Teig längs zusammenklappen, von der offenen Seite her aufrollen und in 2–3 cm dicke Scheiben
schneiden. Diese auf die Bleche legen und ca. 20 Min.
gehen lassen. Währenddessen den Backofen auf 175°
vorheizen. Die Schnecken im Ofen (Mitte) jeweils 25–
30 Min. backen. Warm mit Puderzucker bestäuben.

HEIDELBEERTORTE
mit Streuseln

**FÜR 1 SPRINGFORM
(26 CM Ø, 16 STÜCKE)**

Für die Füllung und Streusel:
2 Gläser Heidelbeeren
(à 250 g Abtropfgewicht)
420 g Milch
110 g Zucker
1 Pck. Vanillepuddingpulver
70 g kalte Butter
160 g Mehl

Für den Teig:
250 g Mehl
2 gestr. TL Backpulver
150 g Zucker
1 Pck. Vanillezucker
15 g brauner Rum
2 Eier (M)
80 g weiche Butter

Außerdem:
Öl und Mehl für die Form
Mehl für die Arbeitsfläche

Zubereitung: 35 Min.
+ 40 Min. Backen
Pro Stück ca. 285 kcal,
5 g E, 11 g F, 42 g KH

1 Für die Füllung die Heidelbeeren in ein Sieb abgießen und gut abtropfen lassen. Den Rühraufsatz in den Mixtopf einsetzen. 400 g Milch, 40 g Zucker und Puddingpulver in den Mixtopf geben und 7 Min./90°/Stufe 2 zu einem Pudding kochen. Den Pudding in eine Schale umfüllen, mit Frischhaltefolie bedecken und ca. 15 Min. abkühlen lassen.

2 In der Zwischenzeit den Mixtopf reinigen. Den Backofen auf 180° vorheizen. Die Form mit Öl einfetten und mit Mehl ausstäuben.

3 Für den Knetteig Mehl, Backpulver, Zucker, Vanillezucker, Rum, Eier und Butter in den Mixtopf geben und 20 Sek./Stufe 6 zu groben Streuseln verkneten. Die Streusel in die Form füllen, mit dem Spatel zu einem Boden festdrücken und einen 3 cm hohen Rand formen. Den Mixtopf reinigen.

4 Für die Streusel die Butter in Stücke teilen. Mehl, 70 g Zucker, Butterstücke und 20 g Milch in den Mixtopf geben und in 15 Sek./Stufe 4 zu krümeligen Streuseln verkneten.

5 Den Pudding auf dem Teigboden verstreichen. Die Heidelbeeren daraufgeben und die Streusel darüberstreuen. Den Kuchen im Ofen (Mitte) ca. 40 Min. backen. Herausnehmen und ca. 10 Min. ruhen lassen. Den Kuchen dann aus der Form lösen und auf einem Kuchengitter auskühlen lassen.

ORANGENKUCHEN
im Glas

**FÜR 2 580-ML-WECK-GLÄSER MIT DECKEL,
GUMMIRINGEN UND JE 3 KLAMMERN**

160 g weiche Butter | 150 g Zucker | 2 Eier (M) |
1 große Bio-Orange | 100 g Weizenmehl (Type 550) |
100 g gemahlene Mandeln | 2 TL Backpulver |
Butter für die Gläser

Zubereitung: 10 Min. + 35 Min. Backen
Pro Glas ca. 775 kcal, 12 g E, 54 g F, 60 g KH

1 Den Backofen auf 180° vorheizen, die Gläser mit Butter einfetten. Für den Rührteig 120 g Butter und 100 g Zucker im Mixtopf 3 Min./Stufe 3 mischen. Die Eier zufügen und 1 Min./Stufe 3 unterrühren.

2 Die Orange heiß abwaschen und abtrocknen. Die Schale abreiben, den Saft auspressen und 100 g abwiegen. Orangenschale, Mehl, Mandeln und Backpulver in den Mixtopf geben und 2 Min./Stufe 4 verrühren. Die Weckgläser zur Hälfte mit dem Teig befüllen und offen im Ofen (Mitte) ca. 35 Min. backen. Die letzten 5 Min. die Deckel daneben im Ofen erhitzen. Die Gummiringe mit heißem Wasser übergießen, kurz einweichen lassen, dann trocken tupfen.

3 Inzwischen den Mixtopf reinigen. Für die Sauce 40 g Butter, 50 g Zucker und Orangensaft im Mixtopf 12 Min./100°/Stufe 1 ohne Messbecher einkochen.

4 Die Gläser herausnehmen, die Sauce über die heißen Kuchen gießen und die Gläser sofort mit Gummiringen, Deckeln und je 3 Klammern verschließen. Verschlossen sind die Kuchen ca. 2 Monate haltbar.

ROTWEINKUCHEN
im Glas

FÜR 6 290-ML-TWIST-OFF-GLÄSER

180 g Zartbitterschokolade (50 % Kakao) |
5 Eier (M) | 250 g Zucker | 1 Pck. Vanillezucker |
125 g trockener Rotwein | 200 g Rapsöl |
250 g Mehl | 60 g Speisestärke | 30 g Kakaopulver |
3 TL Backpulver | Öl und Mehl für die Gläser
Zubereitung: 25 Min. + 35 Min. Backen
Pro Glas ca. 950 kcal, 14 g E, 55 g F, 95 g KH

1 Den Backofen auf 180° vorheizen. Die Gläser mit Öl
einfetten und mit Mehl ausstäuben. Die Schokolade in
kleine Stücke brechen und im Mixtopf 5 Sek./Stufe 8
hacken, dann umfüllen.

2 Für den Rührteig den Rühraufsatz in den Mixtopf
einsetzen. Eier, Zucker, Vanillezucker und Wein in
den Mixtopf geben und 6 Min./Stufe 4 hellschaumig
rühren. Dabei nach 5 Min. das Öl durch die Deckelöffnung dazugießen. Mehl, Stärke, Kakao und Backpulver mischen. Die Hälfte der Mehlmischung und
die gehackte Schokolade in den Mixtopf geben und
10 Sek./Stufe 4 unterrühren. Die restliche Mehlmischung 30 Sek./Stufe 2 unterheben.

3 Die Gläser jeweils zu drei Vierteln mit dem Teig
füllen und die Ränder mit einem Tuch sorgfältig säubern. Die Gläser im Ofen (Mitte) ca. 35 Min. backen.
Herausnehmen und sofort mit den Schraubdeckeln
verschließen oder offen auf einem Kuchengitter auskühlen lassen und servieren.

Zum Backen eignen
sich am besten
hitzebeständige
Weck- oder
Schraubgläser mit
einer weiten
Öffnung.

MACARON-TORTE
mit Vanille-Zimt-Ganache

1 TORTE (20 CM Ø, 6 STÜCKE)

Für die Ganache:
200 g weiße Schokolade
2 Vanilleschoten
½ TL Zimtpulver
140 g Sahne

Für die Böden:
125 g Zucker
10 g Kakaopulver
90 g geschälte, gemahlene
Mandeln
70 g zimmerwarmes Eiweiß
(ca. 2 Eier, M)

Außerdem:
Spritzbeutel mit mittelgroßer
Lochtülle

Zubereitung: 1 Std.
+ 24 Std. Kühlen
+ 30 Min. Trocknen
+ 40 Min. Backen
Pro Stück ca. 435 kcal,
7 g E, 26 g F, 44 g KH

1 Für die Ganache Schokolade in Stücke brechen, in den Mixtopf geben und 5 Sek./Stufe 8 hacken. Die Vanilleschoten längs aufschneiden und das Mark herausschaben. Vanillemark, Zimt und Sahne zur Schokolade geben und 4 Min./50°/Stufe 2 schmelzen. Dann weitere 5 Sek./Stufe 6 mixen. Die Ganache umfüllen, abdecken und mindestens 12 Std., besser über Nacht, kühlen.

2 Für die Mandelbaiserböden auf zwei Bögen Backpapier je einen Kreis (20 cm ∅) zeichnen und umgedreht auf zwei Backbleche legen. 100 g Zucker im Mixtopf 15 Sek./Stufe 10 pulverisieren. Kakao und Mandeln zugeben und 10 Sek./Stufe 10 noch feiner mahlen. Die Mandelmischung durch ein Sieb in eine große Schüssel sieben. Den Mixtopf gründlich reinigen und trocknen.

3 Den Rühraufsatz in den Mixtopf einsetzen und das Eiweiß darin 1 Min./Stufe 4 aufschlagen, dabei 25 g Zucker einrieseln lassen. Nach unten schieben und 5 Min./Stufe 3 zu festem Eischnee aufschlagen. Den Eischnee mit dem Spatel unter die Mandelmischung heben, bis eine zäh fließende Masse entsteht. Die Masse in den Spritzbeutel füllen und in der Mitte beginnend spiralförmig 2 Böden auf das Papier spritzen. Die Kreise ca. 30 Min. antrocknen lassen.

4 Inzwischen den Backofen auf 160° vorheizen. Die Böden im Ofen (Mitte) jeweils 18–20 Min. backen. Herausnehmen, mit dem Papier vom Blech ziehen und ca. 15 Min. abkühlen lassen. Währenddessen die Ganache Raumtemperatur annehmen lassen. Einen Boden auf eine Platte setzen und die Ganache darauf verteilen. Den zweiten Boden auflegen und leicht andrücken. Die Torte in einer luftdicht schließenden Box mindestens 12 Std. kühl stellen.

Exaktes Abwiegen der Zutaten ist hier sehr wichtig!

Beim Aufzeichnen der Kreise hilft ein Teller oder eine Schüssel.

Besonders festlich mit aufgestäubten Sternen aus Puderzucker.

Orangen- TARTE

PROSECCO- Kuchen

FÜR 1 TARTEFORM (26 CM Ø, 12 STÜCKE)

100 g kalte Butter | 200 g Mehl | 70 g Zucker |
1 Pck. Vanillezucker | 1 Eigelb (M) | Salz |
3 EL Aprikosenkonfitüre | 5 Bio-Orangen | 125 g Sahne |
3 Eier (M) | Öl und Mehl für die Form | Mehl für
die Arbeitsfläche
Zubereitung: 40 Min. + 30 Min. Kühlen
+ 30 Min. Backen
Pro Stück ca. 255 kcal, 5 g E, 13 g F, 29 g KH

1 Für den Mürbeteig die Butter in kleine Stücke schneiden. Mit Mehl, 20 g Zucker, Vanillezucker, Eigelb und 1 Prise Salz im Mixtopf 35 Sek./Stufe 5 verkneten. Den Teig auf der Arbeitsfläche kurz mit den Händen durchkneten, zu einer Kugel formen, in Frischhaltefolie wickeln und ca. 30 Min. kühlen.

2 Den Backofen auf 200° vorheizen. Die Form mit Öl einfetten und mit Mehl ausstäuben. Den Teig auf der bemehlten Arbeitsfläche zu einem Kreis (30 cm Ø) ausrollen und in die Form legen. Den Boden mehrmals mit einer Gabel einstechen und gleichmäßig mit Konfitüre bestreichen.

3 Für die Füllung 1 Orange heiß abwaschen und abtrocknen. Die Schale mit einem Zestenreißer hauchdünn abziehen und in den Mixtopf geben. Dann alle Orangen dick schälen, dabei auch die weiße Innenhaut mit entfernen. Die Orangen in Scheiben schneiden.

4 50 g Zucker zur Orangenschale in den Mixtopf geben und 10 Sek./Stufe 10 pulverisieren. Mit dem Spatel nach unten schieben. Sahne und Eier zufügen und 5 Sek./Stufe 4 verrühren. Die Creme auf dem Teigboden verteilen. Die Orangenscheiben dachziegelartig darauflegen und die Tarte im Ofen (Mitte) ca. 30 Min. backen. In der Form auskühlen lassen.

FÜR 1 SPRINGFORM (26 CM Ø, 12 STÜCKE)

200 g Haselnusskerne | 360 g Zucker |
1 Pck. Vanillezucker | 250 g Mehl | 1 Pck. Backpulver |
100 g Instant-Trinkschokoladenpulver | 5 Eier (M) |
200 g Prosecco | 180 g Rapsöl | Öl und
Mehl für die Form
Zubereitung: 35 Min. + 1 Std. Backen
Pro Stück ca. 525 kcal, 9 g E, 31 g F, 50 g KH

1 Den Backofen auf 180° vorheizen, die Form mit Öl einfetten und mit Mehl ausstäuben.

2 Für den Rührteig die Haselnüsse im Mixtopf 8 Sek./ Stufe 8 mahlen. Zucker, Vanillezucker, Mehl, Backpulver, Trinkschokoladenpulver, Eier, Prosecco und Öl zugeben und alles 45 Sek./Stufe 5 mithilfe des Spatels zu einem Teig verrühren.

3 Den Teig in die Form füllen und glatt streichen. Im Ofen (Mitte) 55–60 Min. backen. Den Kuchen leicht abgekühlt aus der Form lösen und auf einem Kuchengitter auskühlen lassen.

Walnuss-Dattel-BRIOCHES

FÜR 12 STÜCK

Für den Teig:

190 g Butter

375 g Milch

½ Würfel Hefe (20 g)

75 g Zucker

Salz

3 Eier (M)

680 g Mehl

Für die Füllung:

160 g Walnusskerne

175 g Datteln

85 g Rohrohrzucker

90 g weiche Butter

1 EL Zimtpulver

Außerdem:

2 6er-Jumbo-Muffinformen (XL)

Öl für die Form

Mehl für die Arbeitsfläche

1 Ei (M)

1 EL Milch

Puderzucker zum Bestäuben

Zubereitung: 35 Min.
+ 24 Std. 30 Min. Ruhen
+ 30 Min. Backen
Pro Stück ca. 605 kcal,
12 g E, 32 g F, 66 g KH

1 Für den Hefeteig Butter, Milch, Hefe, Zucker und 1 Prise Salz in den Mixtopf geben. Alles 3 Min./37°/Stufe 2 verrühren, dann 10 Min. ruhen lassen.

2 Die Eier in den Mixtopf geben und 30 Sek./Stufe 3 unterrühren. Das Mehl zufügen und mithilfe des Spatels in die Flüssigkeit einrühren. Alles 8 Min./Teigstufe kneten, dabei gelegentlich mit dem Spatel durchrühren. Den Teig in eine große Schüssel umfüllen, abdecken und ca. 24 Std. kühlen. Den Mixtopf reinigen.

3 Die Mulden der Muffinformen mit Öl einfetten. Für die Füllung Walnüsse, Datteln, Zucker, Butter und Zimt in den Mixtopf geben und 15 Sek./Stufe 6 hacken.

4 Den Teig auf der bemehlten Arbeitsfläche mit bemehlten Händen zu einem Rechteck (60 × 30 cm) flach drücken. Die Füllung gleichmäßig darauf verteilen und den Teig von der Längsseite her aufrollen. Die Rolle in 12 Stücke schneiden und diese mit der Schnittfläche nach unten in die Formmulden setzen. Ei und Milch verquirlen und die Oberfläche der Brioches damit bestreichen. Die Brioches an einem warmen Ort ca. 20 Min. gehen lassen.

5 Inzwischen den Backofen auf 180° vorheizen. Die Brioches im Ofen (Mitte) in 25–30 Min. goldbraun backen. Herausnehmen, leicht abgekühlt aus der Form lösen und noch warm mit Puderzucker bestäuben. Auf einem Kuchengitter auskühlen lassen.

SPEKULATIUSTORTE
aus dem Kühlschrank

FÜR 1 TORTE
(26 CM Ø, 16 STÜCKE)
Für den Boden:
200 g Spekulatius
100 g Schokoladenlebkuchen
100 g weiche Butter

Für Belag und Deko:
8 Blatt Gelatine
450 g Sahne
500 g Mascarpone
500 g Quark
60 g Honig
200 g Zucker
1 EL Zimtpulver
1 EL Kakaopulver

Außerdem:
Tortenring oder Springformrand
(26 cm Ø)
Spritzbeutel mit mittelgroßer
Sterntülle

Zubereitung: 40 Min.
+ 4 Std. 45 Min. Kühlen
Pro Stück ca. 495 kcal,
10 g E, 36 g F, 32 g KH

1 Für den Boden Spekulatius und Schokoladenlebkuchen in den Mixtopf geben und 8 Sek./Stufe 8 zerkleinern. Die Butter zufügen und 5 Min./Linkslauf / Stufe 1 vermischen.

2 Den Tortenring auf eine Platte stellen. Die Bröselmasse darin verteilen und mit einem feuchten Löffelrücken festdrücken. Den Boden mindestens 45 Min. kühlen. Den Mixtopf reinigen.

3 In der Zwischenzeit für den Belag die Gelatine in kaltem Wasser einweichen. Den Rühraufsatz in den Mixtopf einsetzen und 250 g Sahne darin 1 Min./Stufe 3 rühren. Weiter ohne Zeitvorgabe auf Sicht bei Stufe 3 aufschlagen, bis die Sahne steif ist. Umfüllen und kühlen. Den Rühraufsatz entfernen.

4 Die Gelatine ausdrücken und mit 1 TL Wasser in einem Topf bei schwacher Hitze unter Rühren auflösen, vom Herd nehmen. Mascarpone, Quark, Honig, Zucker und Zimt in den Mixtopf geben und 1 Min./Stufe 6 verrühren. Dabei die aufgelöste Gelatine durch die Deckelöffnung zugießen. Danach den Rühraufsatz einsetzen, die Schlagsahne zufügen und 30 Sek./Stufe 2 unterheben. Die Creme auf dem Boden verteilen und glatt streichen. Die Torte mindestens 4 Std., besser über Nacht, kühlen. Den Mixtopf reinigen.

5 Für die Deko 200 g Sahne im Mixtopf zunächst 1 Min./Stufe 3 rühren, dann ohne Zeitvorgabe auf Sicht bei Stufe 3 steif schlagen. Die Schlagsahne in den Spritzbeutel füllen. Die Torte mit Kakao bestäuben und 16 Sahnetupfen auf den Rand spritzen.

TARTE
au Chocolat

Naked
NUGATCAKE

FÜR 1 TARTEFORM (26 CM Ø, 16 STÜCKE)

100 g Zucker | 300 g Vollmilchschokolade |
200 g Butter | 1 Pck. Vanillezucker | Salz | 4 Eier (M) |
1 Pck. Schokoladenpuddingpulver | ½ TL Backpulver |
Öl und Mehl für die Form

Zubereitung: 35 Min. + 25 Min. Backen
Pro Stück ca. 260 kcal, 4 g E, 18 g F, 21 g KH

FÜR 1 SPRINGFORM (26 CM Ø, 12 STÜCKE)

6 Eier (M) | 250 g Zucker | 150 g Mehl | 70 g Speise-
stärke | 1 Pck. Backpulver | 20 g Kakaopulver |
½ TL Zimtpulver | 300 g Nussnugat | 700 g Sahne |
Öl und Mehl für die Form

Zubereitung: 40 Min. + 30 Min. Backen
+ 4 Std. Kühlen
Pro Stück ca. 520 kcal, 8 g E, 30 g F, 53 g KH

1 Den Zucker im Mixtopf 10 Sek./Stufe 10 pulverisieren und umfüllen. Die Schokolade in Stücke brechen
und im Mixtopf 8 Sek./Stufe 8 hacken, 100 g davon
herausnehmen. Die Butter in den Mixtopf geben und
die übrige Schokolade 4 Min./50°/Stufe 2 schmelzen.
Zucker, Vanillezucker und 1 Prise Salz in 30 Sek./Stu-
fe 3 einrühren. Die Masse mit dem Spatel nach unten
schieben und 10 Min. abkühlen lassen.

2 Inzwischen den Backofen auf 175° vorheizen. Die
Form mit Öl einfetten und mit Mehl ausstäuben. Die
Eier einzeln jeweils 1 Min./Stufe 3 unter die Schokomasse rühren. Die gehackte Schokolade zugeben
und 10 Sek./Stufe 3 unterrühren. Puddingpulver und
Backpulver mischen und 30 Sek./Stufe 3 unterheben.
Die Masse in die Form füllen und im Ofen (Mitte)
ca. 25 Min. backen. Herausnehmen und in der Form
auf einem Kuchengitter auskühlen lassen.

1 Den Backofen auf 180° vorheizen. Den Boden der
Springform mit Backpapier belegen, den Rand mit Öl
einfetten und mit Mehl bestäuben. Für den Biskuitboden den Rühraufsatz in den Mixtopf einsetzen. Eier,
Zucker und 50 g heißes Wasser darin 5 Min./Stufe 3
hellschaumig rühren. Rühraufsatz entfernen. Mehl,
Speisestärke, Backpulver, Kakao und Zimt in den Mixtopf geben und 20 Sek./Stufe 3 unterrühren.

2 Die Biskuitmasse in die Form füllen, glatt streichen
und im Ofen (Mitte) ca. 30 Min. backen. Formrand
lösen, den Boden auf ein mit Backpapier belegtes Kuchengitter stürzen und ca. 10 Min. abkühlen lassen.
Das Papier abziehen und ganz auskühlen lassen.

3 Für den Belag den Nugat in kleine Stücke schneiden
und über dem heißen Wasserbad schmelzen. Inzwischen den Rühraufsatz in den Mixtopf einsetzen und
die Sahne darin 1 Min./Stufe 3 rühren. Weiter ohne
Zeitvorgabe auf Sicht bei Stufe 3 aufschlagen, bis die
Sahne steif ist. Den flüssigen Nugat mit einem Schneebesen unter die Schlagsahne heben.

4 Den Boden auf eine Platte setzen und mit dem
Springformrand oder einem Tortenring umschließen.
Die Nugatsahne daraufstreichen und den Kuchen
mindestens 4 Std. oder über Nacht kühl stellen.

Die schmeckt sündhaft
gut - auch mal als
Dessert serviert.

Damen-
FRUCHTGUGEL
mit Schwips

**FÜR 1 GUGELHUPFFORM
(24 CM Ø, 20 STÜCKE)**

Für Füllung und Deko:

200 g TK-Himbeeren

200 g Magerquark

150 g Doppelrahm-Frischkäse

3 EL Himbeersirup

80 g Puderzucker

2 Eier (M)

60 g Speisestärke

Für den Teig:

150 g Mandeln

200 g Butter

4 Eier (M)

250 g Zucker | Salz

250 g Weizenmehl (Type 550)

2 TL Backpulver

100 g Sekt

Außerdem:

Öl und Mehl für die Form

1 EL Instant-Erdbeerdrinkpulver

Zubereitung: 40 Min.
+ 2 Std. Auftauen
+ 1 Std. 5 Min. Backen
Pro Stück ca. 310 kcal,
7 g E, 17 g F, 32 g KH

1 Für die Füllung die Himbeeren ca. 2 Std. oder über Nacht im Kühlschrank auftauen lassen. Danach durch ein Sieb streichen.

2 Das Himbeerpüree mit Quark, Frischkäse, Himbeersirup und 50 g Puderzucker im Mixtopf 20 Sek./Stufe 5 verrühren. Eier und Speisestärke zugeben und nochmals 20 Sek./Stufe 5 verrühren. Umfüllen und beiseitestellen. Den Mixtopf reinigen und trocknen.

3 Den Backofen auf 170° vorheizen, die Gugelhupfform mit Öl einfetten und mit Mehl ausstäuben. Für den Rührteig die Mandeln im Mixtopf 10 Sek./Stufe 10 mahlen und umfüllen. Die Butter in einem kleinen Topf schmelzen und leicht abkühlen lassen.

4 Eier, Zucker und 1 Prise Salz in den Mixtopf geben und 5 Min./Stufe 4 hellschaumig aufschlagen. Mehl, Mandeln, Backpulver, flüssige Butter und Sekt zufügen und alles 2 Min./Stufe 3 vermischen.

5 Ein Viertel vom Teig in die Form füllen und die Himbeermasse darauf verteilen. Den restlichen Teig in die Form füllen und den Kuchen im Ofen (Mitte) ca. 1 Std. 5 Min. backen. Danach noch ca. 10 Min. im geöffneten Ofen in der Form ruhen lassen.

6 Den Kuchen herausnehmen und auf einem Kuchenrost ganz auskühlen lassen. Den Gugelhupf erst dann aus der Form stürzen. Erdbeerdrinkpulver und 30 g (3 EL) Puderzucker mischen und den Kuchen damit bestäuben.

Der Gugelhupf heißt
andernorts auch Napf- oder
Topfkuchen.

Herren-
NUSSGUGEL
mit Aprikosenkonfitüre

**FÜR 1 GUGELHUPFFORM
(24 CM Ø, 20 STÜCKE)**

Für den Teig:
6 Eier (M)
Salz
375 g Walnusskerne
190 g weiche Butter
225 g Zucker
75 g Mehl
¾ Pck. Backpulver

Für Guss und Deko:
6 EL Aprikosenkonfitüre
150 g Zartbitterschokolade
(50 % Kakao)
10 g Butter
12 Walnusshälften

Außerdem:
Öl und Mehl für die Form

Zubereitung: 35 Min.
+ 50 Min. Backen
Pro Stück ca. 355 kcal,
6 g E, 26 g F, 24 g KH

1 Den Backofen auf 180° vorheizen, die Gugelhupfform mit Öl einfetten und mit Mehl ausstäuben.

2 Für den Rührteig den Rühraufsatz in den Mixtopf einsetzen. Die Eier trennen, die Eiweiße mit 1 Prise Salz im Mixtopf 2 Min./Stufe 4 steif schlagen. Den Eischnee umfüllen und kühlen.

3 Die Walnüsse im Mixtopf 10 Sek./Stufe 7 mahlen und umfüllen. Butter, Zucker und Eigelbe in den Mixtopf geben und 20 Sek./Stufe 4 verrühren. Mehl, Backpulver und Walnüsse mischen, in den Mixtopf geben und 20 Sek./Stufe 3 unterrühren. Den Eischnee vorsichtig mit dem Spatel unterheben.

4 Den Teig in die Form füllen und im Ofen (Mitte) ca. 50 Min. backen. Herausnehmen und ca. 10 Min. ruhen lassen. Den Kuchen dann aus der Form stürzen und auf einem Kuchengitter ganz auskühlen lassen. Den Mixtopf reinigen.

5 Für den Guss die Aprikosenkonfitüre in einem kleinen Topf erhitzen, durch ein Sieb streichen und den Kuchen damit bestreichen. Die Schokolade in kleine Stücke brechen, in den Mixtopf geben und 5 Sek./Stufe 8 zerkleinern. Die Butter zugeben und 5 Min./50°/Stufe 2 schmelzen. Den Gugelhupf mit der Schokoglasur überziehen und mit den Walnusshälften dekorieren.

Ananas-Gewürz-
KUCHEN

FÜR 1 SPRINGFORM (26 CM Ø, 12 STÜCKE)
1 kleine Dose Ananas in Scheiben (260 g Abtropfgewicht) |
255 g weiche Butter | 150 g Zucker | Salz | 3 Eier (M) |
375 g Mehl | 3 TL Backpulver | 40 g Honig |
50 g Kokosraspel | 5 g Vanillezucker | 1 TL gemahlener
Kardamom | ½ TL Zimtpulver | Öl und Mehl für die Form
Zubereitung: 35 Min. + 40 Min. Backen
Pro Stück ca. 400 kcal, 6 g E, 23 g F, 43 g KH

1 Den Backofen auf 180° vorheizen, die Springform mit Öl einfetten und mit Mehl ausstäuben. Die Ananas in ein Sieb abgießen und abtropfen lassen, dabei 100 g Saft auffangen.

2 Für den Rührteig 225 g Butter, Zucker und 1 Prise Salz im Mixtopf 3 Min./Stufe 4 verrühren. Dabei die Eier einzeln durch die Deckelöffnung zugeben. Mehl, Backpulver und Ananassaft 1 Min./Stufe 3 unterrühren. Den Teig in die Form füllen und glatt streichen, den Mixtopf reinigen.

3 Für den Belag 30 g Butter und Honig im Mixtopf 1 Min./37°/Stufe 1 verrühren. Kokosraspel, Vanillezucker, Kardamom, Zimt und Ananas zugeben und alles 3 Sek./Stufe 5 mixen. Die Masse auf dem Teig verteilen und im Ofen (Mitte) ca. 40 Min. backen. Leicht abgekühlt aus der Form lösen und auf einem Kuchengitter auskühlen lassen.

BERLINER
aus dem Ofen

FÜR 8 STÜCK
150 g Milch | ½ Würfel Hefe (20 g) | 225 g Zucker |
350 g Mehl | Salz | 1 Ei (M) | 50 g weiche Butter |
150 g Erdbeerkonfitüre | Mehl für die Arbeitsfläche |
Spritzbeutel mit Fülltülle für Berliner
Zubereitung: 35 Min. + 55 Min. Ruhen + 15 Min. Backen
Pro Stück ca. 390 kcal, 7 g E, 7 g F, 74 g KH

1 Für den Hefeteig Milch, Hefe und 75 g Zucker im Mixtopf 3 Min./37°/Stufe 2 erwärmen, dann 10 Min. ruhen lassen. Mehl, 1 Prise Salz und das Ei zugeben und 2 Min./Teigstufe verkneten. 30 g Butter 10 Min./Teigstufe unterkneten.

2 Ein Backblech mit Backpapier belegen. Den Teig auf der bemehlten Arbeitsfläche zu einer Rolle formen, in 8 Stücke schneiden und mit bemehlten Händen zu Kugeln rollen. Aufs Blech setzen und abgedeckt ca. 45 Min. gehen lassen.

3 Den Backofen auf 200° vorheizen. Die Berliner im Ofen (Mitte) in 12–15 Min. goldbraun backen. Herausnehmen und ca. 5 Min. abkühlen lassen. Inzwischen 20 g Butter schmelzen. Die Berliner damit bestreichen, 5 Min. ruhen lassen, dann wiederholen. Die Konfitüre glatt rühren, in den Spritzbeutel füllen und die Berliner jeweils mit ca. 1 EL Konfitüre füllen. Zuletzt in 150 g Zucker wälzen.

Red-Velvet-
CUPCAKES

FÜR 12 STÜCK

380 g Zucker | 120 g Buttermilch | 260 g weiche
Butter | 1 Ei (M) | Salz | 200 g Mehl | 10 g Kakaopulver |
5 g Vanillezucker | ½ TL Natron | 5 Tropfen
Weißweinessig | 1 TL rote Lebensmittelfarbe (Pulver) |
1 Vanilleschote | 50 g Doppelrahm-Frischkäse |
10 g Milch | 1 EL rote Zuckerperlen | 12 Muffin-
papierförmchen | 12er-Muffinform | Spritzbeutel mit
mittelgroßer Sterntülle

Zubereitung: 30 Min. + 25 Min. Backen
Pro Stück ca. 375 kcal, 3 g E, 20 g F, 46 g KH

1 Den Backofen auf 180° vorheizen, die Papierförmchen in die Mulden der Muffinform setzen.

2 Für den Rührteig 180 g Zucker in den Mixtopf geben und 15 Sek./Stufe 10 pulverisieren. Buttermilch,
60 g Butter, Ei, 1 Prise Salz, Mehl, Kakao, Vanillezucker, Natron, Essig und Lebensmittelfarbe zugeben
und alles 2 Min./Stufe 4 zu einem Teig verrühren.

3 Den Teig auf die Förmchen verteilen und im Ofen
(Mitte) ca. 25 Min. backen. Die Muffins herausnehmen und ca. 10 Min. ruhen lassen. Dann aus der Form
lösen und auf einem Kuchengitter auskühlen lassen.

4 In der Zwischenzeit den Mixtopf reinigen. Für das
Topping 200 g Zucker im Mixtopf 15 Sek./Stufe 10 pulverisieren. Mit dem Spatel nach unten schieben.

5 Die Vanilleschote längs aufschlitzen und das Mark
herausschaben. Vanillemark, 200 g Butter, Frischkäse
und Milch in den Mixtopf geben und alles 15 Sek./
Stufe 8 mixen. Mit dem Spatel nach unten schieben
und 40 Sek./Stufe 4 cremig rühren. Die Creme in den
Spritzbeutel füllen und als Häubchen auf die Cupcakes
spritzen. Mit den Zuckerperlen dekorieren.

TIPP

Die Buttercreme kann je nach Lust und Laune auch
mit ½ TL Zimtpulver, etwas geriebener Tonkabohne
oder 1 TL Kakaopulver aromatisiert werden. Besonders frisch schmeckt sie mit 1 TL abgeriebener Zitro-
nen- oder Orangenschale.

HASELNUSSTORTE
(Giotto - Torte)

**FÜR 1 SPRINGFORM
(26 CM Ø, 12 STÜCKE)**

Für Deko und Füllung:

50 g Haselnusskerne

700 g Sahne

3 Pck. Sahnefestiger

36 Giotto-Pralinen (154 g)

Für den Boden:

4 Eier (M)

160 g Zucker

160 g Mehl

2 TL Backpulver

Außerdem:

Spritzbeutel mit mittelgroßer
Sterntülle

Öl und Mehl für die Form

Zubereitung: 40 Min.
+ 20 Min. Backen
Pro Stück ca. 370 kcal,
6 g E, 25 g F, 30 g KH

1 Den Backofen auf 180° vorheizen. Den Boden der Springform mit Backpapier belegen, den Rand mit Öl einfetten und mit Mehl bestäuben. Für die Deko die Haselnüsse im Mixtopf 8 Sek./Stufe 8 hacken. Dann umfüllen und beiseitestellen.

2 Für den Biskuitboden den Rühraufsatz in den Mixtopf einsetzen. Eier und Zucker hineingeben und 4 Min./Stufe 4 hellschaumig rühren. Mehl und Backpulver mischen, in den Mixtopf geben und 5 Sek./Stufe 3 unterheben. Den Mixtopf reinigen.

3 Den Teig in die Form füllen, glatt streichen und im Ofen (Mitte) ca. 20 Min. backen. Herausnehmen, den Boden leicht abgekühlt aus der Form lösen und auf einem Kuchengitter auskühlen lassen.

4 Für die Füllung die Sahne mit Sahnefestiger im Mixtopf 1 Min./ Stufe 3 rühren, dann ohne Zeitvorgabe auf Sicht bei Stufe 3 weiter-rühren, bis sie steif ist. 6 EL Schlagsahne in den Spritzbeutel füllen und für die Deko beiseitelegen. Die restliche Sahne in eine Schüssel füllen. 12 Giottokugeln für die Deko beiseitelegen, die übrigen im Mixtopf 4 Sek./Stufe 4 hacken und unter die Sahne heben.

5 Den Biskuitboden zweimal waagerecht durchschneiden. Den unteren Boden auf eine Tortenplatte setzen und mit einem Drittel der Sahne-Giotto-Creme bestreichen. Den mittleren Boden darauf-setzen und mit einem weiteren Drittel Creme bestreichen, dann den letzten Boden auflegen. Oberfläche und Rand der Torte mit der restlichen Creme bestreichen, den Rand mit den gehackten Nüssen bestreuen. Mit der Sahne aus dem Spritzbeutel Tupfen auf die Torte spritzen und die übrigen Giottokugeln daraufsetzen.

Pudding-Mohn-
STREUSEL

FÜR 1 SPRINGFORM (26 CM Ø, 12 STÜCKE)

200 g Mohn | 200 g kalte Butter | 375 g Mehl |
350 g Zucker | 1 Ei (M) | 1 Pck. Backpulver | Salz |
750 g Milch | 1 Pck. Vanillepuddingpulver |
1 Pck. Schokoladenpuddingpulver | Öl und Mehl
für die Form
Zubereitung: 35 Min. + 45 Min. Backen
Pro Stück ca. 510 kcal, 10 g E, 25 g F, 63 g KH

1 Den Backofen auf 180° vorheizen, die Springform mit Öl einfetten und mit Mehl ausstäuben. Den Mohn im Mixtopf 30 Sek./Stufe 9 fein mahlen und umfüllen.

2 Für den Mürbeteigboden die Butter in kleine Stücke schneiden. Mit Mehl, 200 g Zucker, Ei, Backpulver und 1 Prise Salz in den Mixtopf geben und in 20 Sek./Stufe 5 zu groben Streuseln verkneten. Zwei Drittel der Streusel in der Form verteilen und an Rand und Boden mit der Hand festdrücken. Die restlichen Streusel in einer Schüssel beiseitestellen.

3 Für den Belag Milch, 150 g Zucker, beide Puddingpulver und gemahlenen Mohn im Mixtopf 5 Sek./Stufe 5 vermischen. Dann 9 Min./90°/Stufe 2 zu einem Pudding kochen. Anschließend noch weitere 10 Min./Stufe 2 rühren und die Puddingcreme dabei abkühlen.

4 Die Puddingcreme auf dem Boden verteilen und die restlichen Streusel daraufstreuen. Den Kuchen im Ofen (Mitte) 45–50 Min. backen. Herausnehmen und in der Form auf einem Kuchengitter auskühlen lassen.

ORANGEN-MOHN-
Kuchen

FÜR 1 KASTENFORM (30 CM LANG, 20 STÜCKE)

440 g Zucker | 125 g Mohn | 60 g Milch | 225 g weiche
Butter | 2 Bio-Orangen | 1 Pck. Vanillezucker |
4 Eier (M) | 350 g Mehl | 1 Pck. Backpulver | Öl und
Mehl für die Form
Zubereitung: 30 Min. + 1 Std. Backen
Pro Stück ca. 295 kcal, 5 g E, 14 g F, 37 g KH

1 Den Zucker im Mixtopf 15 Sek./Stufe 10 pulverisieren, umfüllen. Den Mohn im Mixtopf 30 Sek./Stufe 9
mahlen. Milch, 25 g Butter und 40 g Zucker 3 Sek./Stu-
fe 3 einrühren und alles 5 Min./90°/Stufe 2 köcheln.
Die Masse in eine Schüssel füllen und ca. 15 Min. quellen lassen, den Mixtopf reinigen.

2 Den Backofen auf 175° vorheizen, die Form einölen
und mit Mehl ausstäuben. Für den Rührteig 1 Orange
heiß abwaschen, abtrocknen und die Schale mit einem Zestenreißer hauchdünn abziehen. Beide Orangen auspressen. Orangenschale und 200 g Zucker im
Mixtopf 10 Sek./Stufe 10 mahlen, nach unten schieben.
Butter und Vanillezucker zugeben und 6 Min./Stufe 4
cremig rühren. Nach 4 Min. die Eier einrühren. Mehl,
Backpulver und 75 g Orangensaft 1 Min./Stufe 4 unterrühren. Die Hälfte des Teigs unter den Mohn rühren.

3 Mohn- und Orangenteig abwechselnd in die Form
füllen und mit einer Gabel spiralförmig verrühren. Im
Ofen (Mitte) 55–60 Min. backen. Leicht abgekühlt aus
der Form lösen und auf einem Kuchengitter auskühlen
lassen. 200 g Zucker mit 2–3 EL Orangensaft verrühren und den Kuchen damit überziehen.

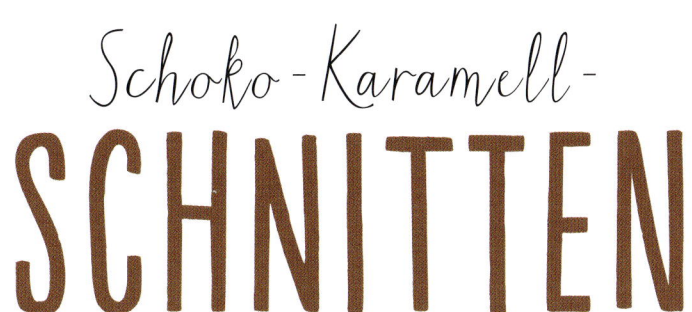

Schoko-Karamell- SCHNITTEN

FÜR 1 BACKBLECH (16 STÜCKE)

Für Belag und Deko:
320 g Schokokaramell-Bonbons (z. B. Storck Riesen)
1 000 g Sahne
4 Pck. Sahnefestiger
1 Pck. Vanillezucker
1 EL Kakaopulver
1 EL Puderzucker

Für den Boden:
4 Eier (M)
125 g Zucker
1 Pck. Vanillezucker
125 g Mehl
25 g Speisestärke
15 g Kakaopulver
1 TL Backpulver

Außerdem:
Öl und Mehl für das Blech
Spritzbeutel mit mittelgroßer Sterntülle

Zubereitung: 35 Min. + 24 Std. Kühlen + 12 Min. Backen
Pro Stück ca. 400 kcal, 5 g E, 26 g F, 36 g KH

1 Für den Belag die Bonbons im Mixtopf 5 Sek./Stufe 7 hacken. 800 g Sahne dazugießen und die Bonbons 20 Min./90°/Stufe 2 schmelzen. Umfüllen und ca. 24 Std. kühlen. Den Mixtopf reinigen.

2 Den Backofen auf 200° vorheizen, ein Backblech mit Öl einfetten und mit Mehl bestäuben.

3 Für den Biskuitboden die Eier mit 30 g heißem Wasser im Mixtopf 2 Min./Stufe 4 aufschlagen. Zucker und Vanillezucker zugeben und 3 Min./Stufe 4 cremig rühren. Mehl, Stärke, Kakao und Backpulver mischen. Die Hälfte davon auf die Eiercreme geben und 10 Sek./Stufe 3 unterrühren. Dann die restliche Mehlmischung zugeben und 15 Sek./Stufe 3 verrühren. Den Teig auf dem Backblech verstreichen und im Ofen (Mitte) 12–15 Min. backen. Herausnehmen und auf einem Kuchengitter abkühlen lassen.

4 Den Mixtopf reinigen und den Rühraufsatz einsetzen. Die Karamellsahne und 3 Päckchen Sahnefestiger darin 1 Min./Stufe 3 verrühren. Weiter ohne Zeitvorgabe auf Sicht bei Stufe 3 aufschlagen, bis die Sahne steif ist. Die Karamellsahne dann gleichmäßig auf dem Boden verstreichen.

5 Für die Deko 200 g Sahne, 1 Pck. Sahnefestiger und Vanillezucker im Mixtopf 1 Min./Stufe 3 verrühren. Das Kakaopulver zufügen und weiter ohne Zeitvorgabe auf Sicht bei Stufe 4 aufschlagen, bis die Sahne steif ist. In den Spritzbeutel füllen und Tupfen auf die Karamellsahne spritzen. Mit Puderzucker bestäubt servieren.

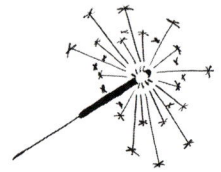

Latte-
MACCHIATO-
Torte

FÜR 1 SPRINGFORM (26 CM Ø, 12 STÜCKE)

Für den Boden:

4 Eier (M)

160 g Zucker

120 g Mehl

1 Pck. Vanillepuddingpulver

2 TL Backpulver

Für Füllung und Deko:

160 g Kaffee-Sahne-Schokolade

40 g Trinkschokoladenpulver

700 g Sahne

30 g Instant-Gelatine

1 Pck. Sahnefestiger

5 g Zucker

½ TL Kakaopulver

einige Schoko-Mokkabohnen

Außerdem:

Öl und Mehl für die Form

Spritzbeutel mit mittelgroßer Lochtülle

Zubereitung: 40 Min.
+ 30 Min. Backen
+ 4 Std. Kühlen
Pro Stück ca. 470 kcal,
9 g E, 31 g F, 38 g KH

1 Den Backofen auf 200° vorheizen. Den Boden der Springform mit Backpapier belegen, den Rand mit Öl einfetten und mit Mehl bestäuben. Für den Biskuitboden den Rühraufsatz in den Mixtopf einsetzen. Eier und Zucker hineingeben und in 4 Min./Stufe 4 hellschaumig aufschlagen. Mehl, Puddingpulver und Backpulver zufügen und 6 Sek./Stufe 4 unterrühren.

2 Die Biskuitmasse in die Form füllen, glatt streichen und im Ofen (Mitte) 25–30 Min. backen. Danach Formrand lösen, den Boden auf ein mit Backpapier belegtes Kuchengitter stürzen und ca. 10 Min. abkühlen lassen. Das Papier abziehen und ganz auskühlen lassen.

3 Für die Füllung die Schokolade in Stücke brechen und im Mixtopf 15 Sek./Stufe 5 zerkleinern. Mit dem Spatel nach unten schieben. Trinkschokoladenpulver und 500 g Sahne zugeben und alles 40 Sek./Stufe 4 zu einer Creme aufschlagen. Dabei die Gelatine durch die Deckelöffnung einrieseln lassen.

4 Den Boden waagerecht halbieren. Den unteren Boden auf eine Platte setzen und mit dem Springformrand oder einem Tortenring umschließen. Zwei Drittel der Creme darauf verteilen. Den zweiten Boden auflegen und mit der restlichen Creme bestreichen.

5 Den Mixtopf reinigen und den Rühraufsatz einsetzen. Für die Deko 200 g Sahne, Sahnefestiger und Zucker darin 30 Sek./Stufe 3 rühren. Weiter ohne Zeitvorgabe auf Sicht bei Stufe 3 aufschlagen, bis die Sahne steif ist. Die Schlagsahne in den Spritzbeutel füllen und in engen Tupfen auf die Torte spritzen. Mit Kakao bestäuben und die Mokkabohnen daraufstreuen. Die Torte ca. 4 Std. kühlen.

Die Sahne für die Deko
vor dem Aufschlagen
30 Min. im Tiefkühlfach
kühlen. Dann hat sie
besonders viel Stand.

Himbeer-
SCHOKO-TORTE

FÜR 1 SPRINGFORM (26 CM Ø, 16 STÜCKE)

Für den Boden:

125 g kalte Butter

250 g Mehl

125 g Zucker

30 g Kakaopulver

1 Pck. Vanillezucker

2 TL Backpulver

1 Ei (M)

Für Belag und Guss:

180 g Zucker

400 g Milch

2 Pck. Vanillepuddingpulver

600 g Schmand

400 g TK-Himbeeren

1 Pck. roter Tortenguss

125 g Himbeersaft

Außerdem:

Öl und Mehl für die Form

Zubereitung: 45 Min.
+ 30 Min. Kühlen
+ 50 Min. Backen
Pro Stück ca. 350 kcal,
5 g E, 18 g F, 41 g KH

1 Die Springform mit Öl einfetten und mit Mehl ausstäuben. Für den Knetteigboden die Butter in Stücke schneiden. Mit Mehl, Zucker, Kakao, Vanillezucker, Backpulver und Ei in den Mixtopf geben und 40 Sek./Stufe 5 zu groben Streuseln verrühren. Die Streusel in die Form füllen, mit den Händen zu einem Boden festdrücken und einen 3 cm hohen Rand formen. Ca. 20 Min. kühlen.

2 In der Zwischenzeit den Mixtopf reinigen. Für den Belag 150 g Zucker im Mixtopf 10 Sek./Stufe 10 pulverisieren. Milch und Puddingpulver zugeben und 4 Sek./Stufe 5 untermischen. Alles 7 Min./90°/Stufe 3 zu einem Pudding kochen, dann 10 Min./Stufe 2 rühren und den Pudding dabei abkühlen.

3 Den Backofen auf 175° vorheizen. Den Schmand zum Pudding geben und 10 Sek./Stufe 4 unterrühren. Die Creme auf dem Boden verteilen und die TK-Himbeeren daraufgeben. Den Kuchen im Ofen (Mitte) ca. 50 Min. backen. Herausnehmen und in der Form auf einem Kuchengitter kurz abkühlen lassen.

4 Inzwischen den Mixtopf reinigen. Für den Guss 30 g Zucker, Tortengusspulver, Himbeersaft und 125 g Wasser im Mixtopf 10 Sek./Stufe 4 verrühren. Dann 5 Min./100°/Stufe 2 kochen. Den Guss sofort auf dem noch warmen Kuchen verteilen. Den Kuchen ganz auskühlen lassen, erst dann aus der Form lösen.

Lecker-
BISSEN
zum Verschenken

AUFSTRICHE
fruchtig, süß oder pikant

LEMON CURD
FÜR 2 400-ML-TWIST-OFF-GLÄSER

2 Bio-Zitronen heiß abwaschen, abtrocknen und die Schale abreiben. Dann mit 3–4 weiteren Zitronen auspressen und 200 g Saft abwiegen. Zitronenschale, Zitronensaft, 4 Eier (M), 100 g Butter und 300 g Zucker in den Mixtopf geben und 20 Min./90°/Stufe 2 ohne Messbecher kochen. Den heißen Curd in die sterilisierten Gläser füllen und sofort verschließen. Im Kühlschrank 3–4 Wochen haltbar, für eine längere Haltbarkeit die Gläser einkochen.

Zubereitung: 35 Min.
Pro Portion (20 g) ca. 60 kcal, 1 g E, 3 g F, 8 g KH

HEIDELBEER-ZIMT-KONFITÜRE
FÜR 2 200-ML-TWIST-OFF-GLÄSER

1 Apfel waschen, vierteln, entkernen und im Mixtopf 2 Sek./Stufe 8 hacken. 1 Stange Zimt halbieren, mit 300 g TK-Heidelbeeren, 250 g Zucker und 15 g Zitronensaft zugeben. Alles 35 Min./100°/Linkslauf/Sanftrührstufe ohne Messbecher kochen. Den Zimt entfernen und die Früchte 10 Sek./Stufe 7 pürieren. Die heiße Konfitüre in die sterilisierten Gläser füllen und verschließen. Im Kühlschrank 2–3 Monate haltbar, für eine längere Haltbarkeit die Gläser einkochen.

Zubereitung: 40 Min.
Pro Portion (20 g) ca. 30 kcal, 0 g E, 0 g F, 7 g KH

LEMON-KOKOS-CURD
FÜR 2 400-ML-TWIST-OFF-GLÄSER

2 Bio-Zitronen heiß abwaschen, abtrocknen und die Schale abreiben. Mit 2–3 weiteren Zitronen auspressen und 100 g Saft abwiegen. Zitronenschale und -saft, 4 Eier (M), 100 g Kokosfett, 300 g Zucker und 100 g Kokosmilch in den Mixtopf geben und 20 Min./90°/Stufe 2 ohne Messbecher kochen. Den heißen Curd in die sterilisierten Gläser füllen und verschließen. Im Kühlschrank 3–4 Wochen haltbar, für eine längere Haltbarkeit die Gläser einkochen.

Zubereitung: 35 Min.
Pro Portion (20 g) ca. 65 kcal, 1 g E, 4 g F, 8 g KH

BIRNEN-THYMIAN-CHUTNEY
FÜR 2 250-ML-TWIST-OFF-GLÄSER

1 Zwiebel schälen, vierteln und im Mixtopf 3 Sek./Stufe 5 hacken. 400 g Birnen schälen, vierteln und entkernen. Im Mixtopf 5 Sek./Stufe 4 zerkleinern. 5 Zweige Thymian waschen und trocknen. Die Blättchen mit 50 g Zucker, 50 g Apfelessig und 1 TL Salz in den Mixtopf geben. Alles 20 Min./100°/Linkslauf/Stufe 1 kochen, dabei nach 10 Min. ohne Messbecher einköcheln lassen. Das Chutney in die sterilisierten Gläser füllen und verschließen. Ca. 6 Monate haltbar.

Zubereitung: 30 Min.
Pro Portion (20 g) ca. 14 kcal, 0 g E, 0 g F, 4 g KH

Eingekocht halten Curd & Co. 1 Jahr. Dafür ein Geschirrtuch in einen Topf legen, die Gläser daraufstellen und drei Viertel hoch heißes Wasser zugießen. Curd 1 Std./100°, Konfitüre 30 Min./90° einkochen. Vom Herd nehmen, auskühlen lassen und rausnehmen.

BLUTORANGEN-
sirup

*Mit Vollrohr-
zucker
bekommt er
eine karamel-
lige Note.*

VANILLE-
sirup

FÜR 1 400-ML-FLASCHE
4–6 Bio-Blutorangen | 150 g Zucker
Zubereitung: 12 Min. + 30 Min. Ruhen
Pro Portion (10 g) ca. 35 kcal, 0 g E, 0 g F, 9 g KH

1 Zuerst 2 Blutorangen heiß abwaschen, abtrocknen und die Schale mit einem Sparschäler abziehen. Dann alle Früchte auspressen und 300 g Saft abwiegen.

2 Orangenschale, Orangensaft und Zucker in den Mixtopf geben und 6 Min./100°/Linkslauf/Stufe 1 aufkochen. Dann 30 Min. ziehen lassen.

3 Danach den Sirup durch ein Sieb in die sterilisierte Flasche gießen und sofort verschließen. So ist er im Kühlschrank ca. 3 Monate haltbar. Für eine längere Haltbarkeit den Sirup 15 Min./90° einkochen (siehe S. 171).

TIPP

Das Sterilisieren der Behältnisse ist schnell erledigt. Dafür die benötigten Flaschen oder Gläser mit kochendem Wasser füllen, nach ca. 5 Min. wieder ausleeren und innen gut trocknen lassen. Deckel, Verschlüsse und Gummiringe ca. 5 Min. auskochen.

FÜR 1 600-ML-FLASCHE
4 Kardamomkapseln | ½ Vanilleschote | 1 Stück Ingwer
(1,5 cm lang) | 1 Stange Zimt | 6 schwarze Pfefferkörner |
1 Sternanis | 4 Nelken | 15 g loser schwarzer Tee |
250 g Zucker
Zubereitung: 35 Min.
Pro Portion (10 g) ca. 15 kcal, 0 g E, 0 g F, 4 g KH

1 Die Kardamomkapseln im Mörser anstoßen. Die Vanilleschote längs halbieren und das Mark herausschaben. Den Ingwer schälen, halbieren und mit dem Fleischklopfer oder Nudelholz etwas flach klopfen.

2 Kardamom, Vanilleschote, Ingwer, Zimt, Pfeffer, Sternanis, Nelken und 500 g Wasser in den Mixtopf geben. Alles 20 Min./100°/Sanftrührstufe köcheln lassen.

3 Den Tee in einen Teebeutel oder ein Sieb füllen und 3–4 Min. im Gewürzsud ziehen lassen. Danach wieder herausnehmen. Vanillemark und Zucker zufügen und 3 Min./100°/Stufe 1 aufkochen, bis der Zucker sich aufgelöst hat. Den heißen Sirup durch ein Sieb in die sterilisierte Flasche gießen und sofort verschließen. So ist er im Kühlschrank ca. 3 Monate haltbar.

Beeriger
ZITRONEN-LIMES

FÜR 1 700-ML-FLASCHE

3 große Bio-Zitronen | 250 g Zucker |
300 g gemischte TK-Beeren | 180 g Wodka
Zubereitung: 35 Min.
Pro Portion (2 cl) ca. 45 kcal, 0 g E, 0 g F, 8 g KH

1 Die Zitronen heiß abwaschen und abtrocknen. Die Schale mit einem Sparschäler dünn abziehen, dabei möglichst keine weiße Innenhaut mit abschälen. Die Früchte dann auspressen und 150 g Saft abwiegen.

2 Zitronenschale, Zitronensaft und Zucker in den Mixtopf geben und 7 Min./100°/Linkslauf/Stufe 1 kochen. Danach 20 Min. bei offenem Mixtopfdeckel ziehen und abkühlen lassen.

3 Den Sirup durch ein Sieb in einen Messbecher oder Topf abgießen. Dann zurück in den Mixtopf füllen.

4 Die TK-Beeren zum Sirup in den Mixtopf geben, den Wodka dazugießen und alles 30 Sek./Stufe 9 vermischen. Den fertigen Limes durch ein Sieb in die sterilisierte Flasche gießen und sofort verschließen. So ist er ca. 8 Wochen haltbar.

VARIANTE

Oder soll es lieber ein klassicher Erdbeerlimes sein? Auch den haben Sie im Thermomix im Handumdrehen zubereitet. Dafür zuerst 250 g Zucker im Mixtopf 20 Sek./Stufe 10 pulverfein mahlen. Dann Zitronenschale und -saft, 300 g TK-Erdbeeren und 180 g Wodka zugeben und alles 1 Min./Stufe 10 mixen. Den Erdbeerlimes durch ein Sieb gießen und in die Flasche füllen. Welchen Limes Sie auch zubereiten, machen Sie ihn hübsch zum Verschenken: Schreiben Sie ein schönes Etikett und befestigen Sie es mit einem Satinband an der Flasche.

Die Paste immer mit einem sauberen Löffel entnehmen.

Rote CURRYPASTE

FÜR 1 90-ML-TWIST-OFF-GLAS
1 rote Chilischote | 1 Stängel Zitronengras | 1 Stück
Ingwer (2 cm lang) | 2 Thai-Schalotten (ersatzweise
1 Schalotte) | 2 Knoblauchzehen | 1 Limette |
1 TL Kreuzkümmelsamen | 2 TL Korianderkörner |
1 TL Pfefferkörner | 20 g Rapsöl | 3 Kaffirlimettenblätter
Zubereitung: 15 Min.
Pro Portion (20 g) ca. 50 kcal, 1 g E, 4 g F, 3 g KH

1 Die Chili waschen, halbieren und entkernen. Die Hälften nochmals halbieren. Das Zitronengras waschen und putzen, den Ingwer schälen. Beides in grobe Stücke schneiden. Schalotten und Knoblauch schälen, die Limette auspressen.

2 Kreuzkümmel, Koriander, Pfeffer und Öl im Mixtopf 1,5 Min./Varoma/Stufe 1 erhitzen. Schalotten und Knoblauch zufügen und 7 Sek./Stufe 10 hacken. Mit dem Spatel nach unten schieben und 2 Min./Varoma/Stufe 2 mischen.

3 Chili, Zitronengras, Ingwer, Limettensaft und Kaffirlimettenblätter zugeben und alles viermal 15 Sek./Stufe 10 pürieren. Dabei immer wieder mit dem Spatel nach unten schieben. Die Paste in das sterilisierte Glas füllen und verschließen. Im Kühlschrank ca. 4 Wochen haltbar.

FENCHELPESTO
mit Mandeln

FÜR 1 300-ML-TWIST-OFF-GLAS
70 g Fenchel | ½ Bund Basilikum |
50 g Mandeln | ½ Zitrone | 80 g Pecorino | 75 g mildes
Olivenöl | Olivenöl zum Abdecken
Zubereitung: 10 Min.
Pro Portion (20 g) ca. 130 kcal, 3 g E, 13 g F, 1 g KH

1 Den Fenchel waschen, den Strunk entfernen und in grobe Stücke schneiden. Das Basilikum waschen, trocken schütteln und die Blätter abzupfen.

2 Die Mandeln in einer beschichteten Pfanne ohne Fett bei mittlerer Hitze rösten, bis sie duften. Die Zitrone auspressen und 20 g Saft abwiegen.

3 Fenchel, Basilikum, Mandeln, Zitronensaft, Pecorino und Öl in den Mixtopf geben und 5 Sek./Stufe 8 pürieren. Das Pesto in das sterilisierte Glas füllen, mit Öl bedecken und verschließen. Im Kühlschrank ca. 4 Wochen haltbar.

Mandarinen-
KETCHUP

FÜR 1 600-ML-FLASCHE

400 g Mandarinen | 150 g gelbe Tomaten | 2 Schalotten |
2 Knoblauchzehen | ¼ TL weiße Pfefferkörner |
75 g Zucker | 50 g Apfelessig | Salz
Zubereitung: 40 Min.
Pro Portion (20 g) ca. 15 kcal, 0 g E, 0 g F, 4 g KH

1 Die Mandarinen schälen und in Segmente teilen. Die
Tomaten waschen und vierteln. Schalotten und Knoblauch
schälen. Den Pfeffer in einem Mörser grob zerstoßen.

2 Mandarinen, Tomaten, Schalotten, Knoblauch, Zucker,
Essig, 1 TL Salz und Pfeffer in den Mixtopf geben. Alles
5 Sek./Stufe 5 hacken, dann 30 Min./100°/Stufe 2 kochen.

3 Die Mischung danach 20 Sek./Stufe 10 cremig pürieren.
Das heiße Ketchup in die sterilisierte Flasche füllen und
sofort verschließen. Im Kühlschrank 6–8 Wochen haltbar.

Fruchtiger
MANGOSENF

FÜR 1 220-ML-TWIST-OFF-GLAS

30 g Senfsaat | ¼ Mango (60 g) | 25 g Zucker |
40 g Weißweinessig | Salz
Zubereitung: 10 Min.
Pro Portion (20 g) ca. 40 kcal, 1 g E, 1 g F, 6 g KH

1 Die Senfsaat in den Mixtopf geben und 1 Min./Stufe 10
mahlen. Das Mixgut dabei nach 30 Sek. mit dem Spatel
nach unten schieben. Das Senfmehl umfüllen.

2 Die Mango schälen und in grobe Stücke schneiden.
Mangostücke, Zucker, Essig, 40 g Wasser und 1 Msp. Salz in
den Mixtopf geben und 1 Min./60° erhitzen. Das Senfmehl
zugeben und 1 Min./Stufe 1 unterrühren. Den heißen Senf
in das sterilisierte Glas füllen und sofort verschließen.

TIPP

Der Senf ist im Glas ca. 4 Wochen haltbar. Soll er bis zu
6 Monaten haltbar sein, kann der Senf auch 15 Min./90°
eingekocht werden (siehe S. 171).

TIRAMISU-
Kugeln

FÜR 50 STÜCK

6 EL Mandellikör (z. B. Amaretto) | 2 EL lösliches
Kaffeepulver | 250 g Löffelbiskuits |
250 g Mascarpone | 100 g weiche Butter |
5 g Vanillezucker | 80 g Kakaopulver
Zubereitung: 35 Min. + 30 Min. Kühlen
Pro Stück ca. 70 kcal, 1 g E, 5 g F, 4 g KH

1 Den Likör in einem kleinen Topf bei mittlerer Hitze
erwärmen. Den Kaffee darin auflösen und den Likör
von der Herdplatte ziehen.

2 Die Löffelbiskuits grob zerbrechen, in den Mixtopf
geben und 8 Sek./Stufe 10 fein mahlen. Mascarpone,
Butter und Vanillezucker einwiegen, den Likör zugießen und alles 10 Sek./Stufe 4 zu einer geschmeidigen
Masse verrühren. Die Masse ca. 30 Min. kühlen.

3 Danach mit einem Teelöffel kleine Portionen von
der Masse abnehmen und zwischen den Handflächen
zu Kugeln rollen. Die Kugeln im Kakaopulver wälzen
und kühl lagern.

WALNUSSKONFEKT
mit Pistazien

FÜR 30 STÜCK
120 g Zucker | 50 g Pistazienkerne |
200 g Marzipanrohmasse | 10 g Mandellikör
(z. B. Amaretto) | 60 Walnusshälften (ca. 160 g) |
30 Pralinenpapierförmchen
Zubereitung: 30 Min.
Pro Stück ca. 95 kcal, 2 g E, 6 g F, 7 g KH

1 60 g Zucker im Mixtopf 10 Sek./Stufe 10 pulverisieren. Die Pistazien zugeben und 10 Sek./Stufe 10 mahlen. Mit dem Spatel nach unten schieben. Das Marzipan in Stücke schneiden, mit dem Likör zugeben und 40 Sek./Stufe 5 mixen.

2 Aus der Pistazienmasse 30 Kugeln formen. Die Kugeln jeweils zwischen 2 Walnusshälften setzen und leicht zusammendrücken. Die Pralinen in 60 g Zucker wälzen und in die Pralinenförmchen setzen.

KOKOS-KEKS-
Kugeln

FÜR 35 STÜCK
50 g Löffelbiskuits | 1 EL Ananassaft (ersatzweise
Orangensaft) | 100 g Sahne | 50 g Kokosmus |
15 g Kokosraspel
Zubereitung: 15 Min. + 2 Std. Kühlen
Pro Stück ca. 30 kcal, 0 g E, 2 g F, 1 g KH

1 Die Löffelbiskuits in den Mixtopf geben und 8 Sek./ Stufe 9 mahlen, dann in eine Schale umfüllen.

2 Ananassaft, Sahne und Kokosmus im Mixtopf 5 Min./50°/ Linkslauf/Stufe 2 verrühren. Die gemahlenen Löffelbiskuits zufügen und 1 Min./Linkslauf/Stufe 2 untermischen. Die Masse herausnehmen und ca. 2 Std. kühlen.

3 Danach aus der Keksmasse 35 haselnussgroße Bällchen formen. Die Kokosflocken auf einen flachen Teller streuen und die Bällchen darin wälzen. Gekühlt servieren. Die Kugeln sind im Kühlschrank ca. 1 Woche haltbar.

Mandel-Kokos-
CROSSIES

FÜR 20 STÜCK
40 g geschälte Mandeln | 25 g Kokoschips |
200 g weiße Schokolade | 2 Bio-Limetten |
50 g Cornflakes (ungesüßt)
Zubereitung: 25 Min. + 3 Std. Kühlen
Pro Stück ca. 85 kcal, 1 g E, 5 g F, 9 g KH

1 Den Backofen auf 150° vorheizen, ein Backblech mit Backpapier belegen. Die Mandeln darauf verteilen und im Ofen (Mitte) 8–10 Min. bräunen. In den letzten 3 Min. die Kokoschips mitbräunen. Geröstete Mandeln und Kokoschips im Mixtopf 2 Sek./Stufe 5 zerkleinern, umfüllen.

2 Die Schokolade in Stücke brechen und im Mixtopf 10 Sek./Stufe 7 hacken, dann 4 Min./50°/Stufe 1 schmelzen. Inzwischen die Limetten heiß abwaschen, abtrocknen, die Schale abreiben und den Saft auspressen. Mandel-Kokos-Mix, Limettenschale und -saft zur Schokolade geben und alles 15 Sek./Linkslauf/Stufe 1 verrühren. Die Cornflakes zufügen und 30 Sek./Linkslauf/Stufe 2 untermischen.

3 Die Masse mit dem Spatel durchrühren. Dann mit einem Teelöffel 20 Häufchen auf Backpapier setzen und mindestens 3 Std. kühlen. Die Crossies sind 3–4 Wochen haltbar.

Stardust - mit echtem Weihnachtssternstaub

Schoko-
HIMBEER-PRALINEN

FÜR 25 STÜCK

150 g weiße Schokolade | 60 g TK-Himbeeren |
½ TL Zitronensäure | 25 g Sahne | 25 g Butter |
20 g Himbeerlikör | 150 g Bitterschokolade
(70 % Kakao) | ½ TL Goldstaub (ersatzweise
Puderzucker) | Spritzbeutel mit kleiner Lochtülle

Zubereitung: 20 Min. + 15 Std. Kühlen
Pro Stück ca. 75 kcal, 1 g E, 5 g F, 6 g KH

1 Die weiße Schokolade in Stücke brechen und im Mixtopf 10 Sek./Stufe 8 hacken. In eine Schale füllen.

2 Die Himbeeren in den Mixtopf geben und 5 Sek./Stufe 8 hacken, dann 3 Min./100° köcheln. Die Beeren durch ein Sieb streichen, den Mixtopf reinigen.

3 Das Himbeerpüree zurück in den Mixtopf gießen und die Zitronensäure untermischen. Sahne und Butter zugeben und alles 15 Sek./Stufe 3 verrühren.

4 Die gehackte weiße Schokolade zufügen und 1,5 Min./Stufe 3 unterrühren. Dabei in den letzten 15 Sek. den Messbecher abnehmen und den Himbeerlikör dazugießen. Die Masse in eine Schale füllen und ca. 2 Std. in den Kühlschrank stellen, dabei alle 30 Min. durchrühren. Den Mixtopf reinigen.

5 Die Himbeermasse in den Spritzbeutel füllen und daumendicke runde Tupfen auf Backpapier spritzen. Die Tupfen mindestens 12 Std. kühlen. Danach lösen und vorsichtig zu Kugeln formen.

6 Die Bitterschokolade in Stücke brechen und im Mixtopf 10 Sek./Stufe 8 hacken, dann 5 Min./37°/Stufe 3 schmelzen. Die Pralinen mit der Schokolade überziehen und wieder vorsichtig auf das Backpapier setzen. Nochmals 1 Std. kühlen. Danach leicht mit Goldstaub bestäuben. Die Pralinen sind gekühlt ca. 1 Woche haltbar.

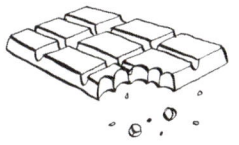

Gebrannte
MANDELN

FÜR 200 G

100 g Mandeln
100 g Zucker
1 Msp. Zimtpulver

Zubereitung: 10 Min.
+ 15 Min. Backen
Pro Portion ca. 245 kcal,
6 g E, 14 g F, 26 g KH

1 Den Backofen auf 180° vorheizen, ein Backblech mit Backpapier belegen. Die Mandeln mit Zucker, Zimt und 50 g Wasser in den Mixtopf geben und 7–7,5 Min./Varoma/Linkslauf/Stufe 1 kochen, bis die Zuckermasse zähflüssig ist und die Mandeln umhüllt. Dabei ständig in den Mixtopf schauen und die Flüssigkeit nicht vollständig verdampfen lassen. Bei Bedarf tröpfchenweise noch Wasser zufügen. Sehen die Mandeln »weiß« aus, wurden sie zu lange gerührt.

2 Die Mandeln dann sofort aus dem Mixtopf nehmen und lose auf dem Backblech verteilen. Im Ofen (Mitte) ca. 15 Min. backen. Danach in eine Schüssel füllen und einige Sekunden umrühren, bis der Zucker die Mandeln fest umschließt.

VARIANTE

Dafür 1 Zweig Rosmarin waschen und trocken schütteln. Mit 100 g Zucker in den Mixtopf geben und 10 Sek./Stufe 10 zerkleinern. 100 g Mandeln und 50 g Wasser zugeben und 7–7,5 Min./Varoma/Linkslauf/Stufe 1 kochen. Dann herausnehmen und auf einem mit Backpapier belegten Backblech verteilen. Wie oben beschrieben 10–15 Min. im Ofen backen. Die gebrannten Mandeln aus dem Ofen nehmen, in einer Schüssel kurz durchrühren und salzen.

Gebrannte
Rosmarinmandeln

LAST-MINUTE-GESCHENKE
aus dem Thermomix

1 Mildes Masala

2 Dukka

3 Apfelsalz

4 Walnuss-Apfel-Porridge

5 Rosenzucker

6 Bananen-Mohn-Porridge

1

Je 10 g Koriander- und Fenchelsamen mit 30 g Kreuzkümmelsamen in einer beschichteten Pfanne ohne Fett ca. 5 Min. rösten. Dann mit ½ Stange Zimt, 5 g hellen Senfkörnern, 1 Nelke, 1 Kardamomkapsel und ⅓ getrockneten Chilischote in den Mixtopf geben und dreimal 1 Sek./ Stufe 10 mithilfe des Spatels mahlen.

2

10 g Pinienkerne, je 30 g Haselnuss- und Cashewkerne in einer beschichteten Pfanne ohne Fett ca. 2 Min. rösten. In den Mixtopf geben. Dann 30 g Sesam, 10 g Fenchelsamen, je 5 g Korianderkörner und Kreuzkümmelsamen ca. 2 Min. rösten, zu den Nüssen geben. Mit je 10 g Salz, Pfeffer und edelsüßem Paprikapulver 10 Sek./Stufe 10 mahlen. In Gläser oder Tütchen füllen. Dukka schmeckt in Saucen, Salaten und Suppen oder als Gewürzbutter auf Brot. Mit Olivenöl gemischt wird es zur Marinade. Trocken und dunkel gelagert ca. 3 Monate haltbar.

3

25 g Apfelchips im Mixtopf 20 Sek./ Stufe 7 mahlen. 1 TL weiße Pfefferkörner und 50 g grobes Salz zugeben und 5 Sek./Stufe 7 mischen. In Butter gemischt schmeckt das Apfelsalz auf Brot oder zum Grillen, würzt Salate, Saucen und Popcorn.

4

60 g Walnusskerne in einer beschichteten Pfanne ohne Fett ca. 10 Min. rösten. Dann im Mixtopf 4 Sek./Stufe 10 hacken. 50 g getrocknete Apfelringe zugeben und 10 Sek./Stufe 10 mahlen. 200 g Haferflocken zufügen und 2 Sek./Stufe 7 zerkleinern. Pro Portion 50 g Porridge mit 200 ml Milch aufkochen und bei schwacher Hitze cremig rühren. Kurz quellen lassen und mit frischen Äpfeln, Beeren, Nüssen, Samen und Ahornsirup servieren.

5

1 EL Rosenblüten und 40 g Zucker im Mixtopf 15 Sek./Stufe 8,5 mahlen. Herausnehmen und in eine Geschenktüte oder ein verschließbares Reagenzglas füllen. Zusammen mit schwarzem Tee oder 1 Tüte Milchreis verschenken.

6

50 g gefriergetrocknete Bananen im Mixtopf 10 Sek./Stufe 10 mahlen. 25 g Blaumohn und 150 g Haferflocken zugeben und 10 Sek./Stufe 7 zerkleinern. In ein 400-ml-Twist-off-Glas füllen. Pro Portion 50 g Porridge mit 200 ml Milch aufkochen und bei schwacher Hitze cremig rühren. Kurz quellen lassen und mit frischen Früchten, Nüssen und Ahornsirup servieren

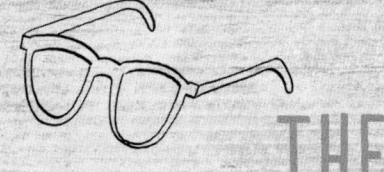

THERMOMIX-KNOW-HOW

Was gibt es in der Thermomix-Küche zu beachten? Hier Wissenswertes rund um den Thermomix kurz zusammengefasst.

TM 5 UND TM 31

Die Rezepte sind sowohl für den TM 31 als auch für den TM 5 geeignet. Der Mixtopf des TM 5 fasst sogar noch 200 ml mehr als der Mixtopf des TM 31, in den maximal 2 l passen. Beide Modelle bieten also auf jeden Fall ausreichend Platz für die im Rezept angegebenen Zutaten. Außerdem hat der TM 31 keine Zwischenstufen: Ist Stufe 3,5 angegeben, dann wählen Sie Stufe 3 oder 4. Und: Wenn als Temperatur 120° angegeben ist, müssen Sie beim TM 31 »Varoma« wählen.

HINWEISE ZU DEN REZEPTEN

Die Mengen sind in den Zutatenlisten so angegeben, wie sie eingekauft werden, z.B. Gemüse immer ungeputzt. Da der Thermomix nur in 5–10-g-Schritten wiegt, gibt es auch in den Rezepten keine kleineren Gewichtsangaben.

Gewürze sind in Teelöffel (TL), Messerspitze (Msp.) oder Prise angegeben. Steht nichts anderes im Rezept, wurde kalte Butter verwendet. Gemüse und Obst können in ihrer Konsistenz stark variieren, die Angaben gelten für eine Durchschnittskonsistenz.

Den Messbecher im Deckel sollten Sie immer einsetzen, außer bei Verwendung des Varoma-Behälters oder anderer Angabe. Den Rühraufsatz hingegen verwenden Sie nur, wenn es im Rezept steht.

WIEGEN UND ZUWIEGEN

Mit dem Waagesymbol auf dem Touchscreen rufen Sie die integrierte Wiegefunktion mit Nullstellung auf. Wenn Sie eine weitere Zutat einwiegen wollen, den Schriftzug »Tara« berühren und damit die Waage auf Null stellen (beim TM 31 durch Drücken der Taste neben dem Waagesymbol). Bei laufendem Gerät kann nur bis Drehzahlstufe 4 gewogen werden (beim TM 31 gar nicht). Zum Wiegen den Betrieb unterbrechen geht immer.

ZUTATEN HACKEN

Beim Mixen und Hacken entscheidet die richtige Stufe. Ob grobe Gemüsestücke oder feine Zwiebelwürfel, möglich ist alles. Für ein gleichmäßiges Ergebnis schneiden Sie Gemüse oder Kartoffeln vor dem Mixen in möglichst gleich große Stücke, dann wird alles beim Mixen schön homogen. Um zu vermeiden, dass Gemüse zu fein gehackt wird, starten Sie am besten auf kleiner Stufe und mixen etwas kürzer. Ist das Ergebnis nicht fein genug, wiederholen Sie den Vorgang mit einer Stufe höher, bis das gewünschte Ergebnis erreicht ist. Achtung: Das Hacken von hartem Mixgut wie Nüssen ist ziemlich laut. Gehen Sie dabei also besser ein Stück vom Gerät weg.

WELCHE STUFE WOFÜR?

Die Sanftrührstufe und die Stufen 1–3 sind zum Rühren. Wichtig bei Verwendung des Rühraufsatzes: die Zutaten dürfen ihn nicht blockieren. Weiches wie Klößchen wird auch bei niedriger Drehzahl und Linkslauf beschädigt, es gelingt besser im Gareinsatz oder Kochtopf.

Mit den Stufen 1–4 kneten Sie weiche Mürbeteige, festere Teige gelingen mit Intervallkneten im Teigmodus. Die Stufen 4–10 und der Turbomodus hacken und pürieren. Wählen Sie diese Stufen langsam an, damit nichts aus dem Topf spritzt. Den Turbomodus können Sie auch in Intervallen anwenden, bei Temperaturen von über 60° im Mixtopf lässt er sich jedoch nicht nutzen. (Beim TM 31 funktioniert der Turbomodus auch bei Temperaturen über 60°.)

SANFTES RÜHREN

Zum Schlagen von Sahne, Eischnee und Biskuit und zum Emulgieren von Saucen und Mayonnaise benötigen Sie den Rühraufsatz. Auch Pudding oder Buttercreme gelingen damit bei geringer Rührgeschwindigkeit ohne Ansetzen. Wichtig: Um ihn nicht zu beschädigen, darf der Aufsatz nur bis maximal Drehzahlstufe 4 rühren!

ORIGINAL-SPATEL VERWENDEN

Während des Betriebs sollten Sie ausschließlich mit dem mitgelieferten Spatel nachhelfen, jedoch nicht, wenn der Rühraufsatz im Mixtopf steckt. Der Spatel hat einen Sicherheitskragen und kann beim Rühren durch die Öffnung im Deckel das Messer nicht berühren. Auch zum Leeren des Topfs verwenden Sie diesen Spatel. Diesen dabei möglichst immer im Uhrzeigersinn am Topfboden bewegen, sodass er immer auf die stumpfe Messerseite trifft.

Mit dem Spatel können Sie auch den heißen Gareinsatz aus dem Topf holen, indem Sie ihn mit dem Haken am Stiel an der Kerbung des Gareinsatzes einhängen.

ERHITZEN, ABER RICHTIG!

Das Gerät heizt nur mit Zeitvorwahl, maximal 99 Min. (beim TM 31 maximal 60 Min.) und nur bis Stufe 6. In den Stufen 2–3 steigt die Temperatur langsamer als in den übrigen Stufen. Der verzögerte Anlauf des Geräts bei über 60° im Topf (Spritzschutz) funktioniert nur, wenn das Mixgut im Gerät erhitzt und nicht schon heiß eingefüllt wurde. Zur Sicherheit sollten Sie bei heißem Mixgut stets stufenweise ansteigend arbeiten. Zum Dünsten in Fett wählen Sie am besten 120° (beim TM 31 »Varoma«), in Wasser 100°. Die Varoma-Stufe ist für das Dampfgaren im Varoma-Behälter und im Gareinsatz sowie zum Reduzieren von Flüssigkeiten gedacht.

MIXTOPF REINIGEN

Bei einigen Rezepten werden ganz verschiedene Schritte nacheinander im Thermomix ausgeführt – dann sollte der Mixtopf zwischendurch gereinigt werden. Besonders einfach und schnell geht das, wenn Sie ca. 500 g Wasser mit 1 Tropfen Spülmittel in den Mixtopf geben und diesen 20 Sek./Stufe 8 laufen lassen. Dann rasch noch mit klarem Wasser nachspülen – und schon ist der Mixtopf wieder bereit für die nächsten Zutaten. Nach dem Kochen reinigen

Sie Ihren Thermomix aber weiterhin wie gewohnt gemäß der Gebrauchsanweisung.

Bis auf das Grundgerät dürfen alle Teile in die Spülmaschine. Den Mixtopf dafür am besten in seine Teile zerlegen, da sonst beim Spülen Wasser in den Mixtopffuß eindringt. Alle Teile vor dem Zusammensetzen gut trocknen lassen. Beim Einsetzen des Mixtopfs in das Grundgerät müssen die Kontaktstifte immer trocken sein, damit keine Feuchtigkeit in das Grundgerät eindringen kann.

KINDERSICHERUNG

Unter »Einstellungen« (über das Menü auf dem Startbild) können Sie das Gerät mit einer PIN-Nummer sperren, die Sie beim Einschalten eingeben müssen – aber nur, wenn Sie »Schloss aktiv« eingestellt haben. Falls Sie die PIN-Nummer einmal vergessen haben, finden Sie eine Master-PIN zum Entsperren in der Bedienungsanleitung.

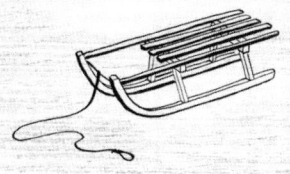

REGISTER VON A-Z

Damit Sie Rezepte mit bestimmten Zutaten noch schneller finden, sind in diesem Register neben häufigen Zutaten wie Fleisch oder Schokolade auch beliebte Suchkategorien wie Getränke oder Konfekt alphabetisch eingeordnet und hervorgehoben. Darunter finden Sie das Rezept Ihrer Wahl.

DIE AUTOREN

Alexander Dölle ist Oecotrophologe. Aus seiner Feder stammen bereits mehrere Kochbücher zu verschiedensten Themen – von Burger bis Einmachen. Er betreibt zusammen mit seiner Frau Sarah Schocke den Blog »Ganz und gar saisonal«: www.ganzundgarsaisonal.de

Sarah Schocke, Oecotrophologin, arbeitet als freie Fachjournalistin und Buchautorin mit den Schwerpunkten Ernährung und Genussküche in Frankfurt am Main. Alleine und zusammen mit ihrem Mann Alexander Dölle hat sie bereits zahlreiche Kochbücher veröffentlicht. Seit die Familie größer und größer wird, ist der Thermomix aus dem Familienalltag nicht mehr wegzudenken. Von Sarah und Alexander stammen nahezu alle Rezepte zum Winterseelenfutter, die Festessen und die Geschenke aus der Küche.

Nico Stanitzok ist Koch, der seine Leidenschaft zum Beruf gemacht hat. Neben gesundem, vollwertigem Essen liebt er es zu backen und neue Rezepte zu entwickeln. Sein Lieblingsgebäck: Kekse und Macarons. Kostproben davon zeigt er auf seiner Homepage www.mein-macaron.de. Für GU hat er *Macarons* und *Expresskekse* sowie *Low Carb High Fat* geschrieben. Zur einfacheren Teigbereitung steht ihm neuerdings der Thermomix zur Seite. Von ihm stammen nahezu alle süßen Backrezepte in diesem Buch.

DER FOTOGRAF

Klaus Einwanger fotografiert in seinen KME Studios in Rosenheim seit über 25 Jahren Food, People und Lifestyle. Seine Bilder bestechen durch ihre Emotionalität und die raffiniert gewählten Blickwinkel – kein Wunder, dass die Arbeiten regelmäßig preisgekrönt werden. Für dieses Buch verwandelte er sein Studio mitten im Sommer in ein zauberhaftes Winterwonderland und mixte mit seinem Team, was das Zeug hält. Ein besonderes Dankeschön geht an **Sven Dittmann, Daniel Schwarz** (Foodstyling) und **Deborah De Luca** (Styling), die auch im größten Trubel jedes Detail im Blick hatten und jedes Foto einzigartig machten. **Christian Kempf** (Postproduction) sorgte für die perfekte Bearbeitung und technisch einwandfreie Daten.

Bildnachweis: Alle Fotos von Klaus Einwanger, außer S. 6 Autorenbilder: privat, S. 13, 41, 85, 119, 169: shutterstock. Alle Illustrationen: Julia Hollweck.

Syndication: www.seasons.agency

© **2017 GRÄFE UND UNZER VERLAG GmbH, München**

Projektleitung: Monika Greiner
Lektorat: Petra Teetz
Korrektorat: Ulrike Wagner
Innen- und Umschlaggestaltung: independent MedienDesign, Horst Moser, München
Herstellung: Susanne Mühldorfer
Satz: Longo AG, Herbert Steger, Bozen
Reproduktion: Longo AG, Bozen
Druck: Firmengruppe APPL, aprinta druck, Wemding
Bindung: Conzella, Pfarrkirchen

ISBN 978-3-8338-6341-1

1. Auflage 2017

Umwelthinweis:
Dieses Buch ist auf PEFC-zertifiziertem Papier aus nachhaltiger Waldwirtschaft gedruckt.

www.facebook.com/gu.verlag

GRÄFE UND UNZER

Ein Unternehmen der
GANSKE VERLAGSGRUPPE

QUALITÄTS
G|U
GARANTIE

Liebe Leserin, lieber Leser,

haben wir Ihre Erwartungen erfüllt? Sind Sie mit diesem Buch zufrieden? Haben Sie weitere Fragen zu diesem Thema? Wir freuen uns auf Ihre Rückmeldung, auf Lob, Kritik und Anregungen, damit wir für Sie immer besser werden können.

GRÄFE UND UNZER Verlag
Leserservice
Postfach 86 03 13
81630 München
E-Mail:
leserservice@graefe-und-unzer.de

Telefon: 00800 / 72 37 33 33*
Telefax: 00800 / 50 12 05 44*
Mo–Do: 9.00 – 17.00 Uhr
Fr:　　9.00 – 16.00 Uhr
(* gebührenfrei in D, A, CH)

Ihr GRÄFE UND UNZER Verlag
Der erste Ratgeberverlag – seit 1722.

Backofenhinweis:
Die Backzeiten können je nach Herd variieren. Die Temperaturangaben in unseren Rezepten beziehen sich auf das Backen im Elektroherd mit Ober- und Unterhitze und können bei Gasherden oder Backen mit Umluft abweichen. Details entnehmen Sie bitte Ihrer Gebrauchsanweisung.

Abkürzungsverzeichnis:
EL = Esslöffel
TL = Teelöffel
g = Gramm
kg = Kilogramm
cm = Zentimeter
cl = Zentiliter
l = Liter
ml = Mililiter
Pck. = Päckchen
Msp. = Messerspitze
E = Eiweiß
F = Fett
KH = Kohlenhydrate
kcal = Kilokalorien
Min. = Minuten
Sek. = Sekunden
Std. = Stunden
TK- = Tiefkühl-
Ø = Durchmesser